宋高僧传

中国佛学经典宝藏

101

赖永海　张　华　释译

星云大师总监修

人民东方出版传媒
东方出版社

总序

星云

自读首楞严，从此不尝人间糟糠味；

认识华严经，方知已是佛法富贵人。

诚然，佛教三藏十二部经有如暗夜之灯炬、苦海之宝筏，为人生带来光明与幸福，古德这首诗偈可说一语道尽行者阅藏慕道、顶戴感恩的心情！可惜佛教经典因为卷帙浩瀚、古文艰涩，常使忙碌的现代人有义理远隔、望而生畏之憾，因此多少年来，我一直想编纂一套白话佛典，以使法雨均沾，普利十方。

一九九一年，这个心愿总算有了眉目。是年，佛光山在中国大陆广州市召开"白话佛经编纂会议"，将该套丛书定名为《中国佛教经典宝藏》①。后来几经集思广

---

① 编者注：《中国佛教经典宝藏》丛书，大陆出版时改为《中国佛学经典宝藏》丛书。

益，大家决定其所呈现的风格应该具备下列四项要点：

一、启发思想：全套《中国佛教经典宝藏》共计百余册，依大乘、小乘、禅、净、密等性质编号排序，所选经典均具三点特色：

1. 历史意义的深远性

2. 中国文化的影响性

3. 人间佛教的理念性

二、通顺易懂：每册书均设有原典、注释、译文等单元，其中文句铺排力求流畅通顺，遣词用字力求深入浅出，期使读者能一目了然，契入妙谛。

三、文简意赅：以专章解析每部经的全貌，并且搜罗重要的章句，介绍该经的精神所在，俾使读者对每部经义都能透彻了解，并且免于以偏概全之谬误。

四、雅俗共赏：《中国佛教经典宝藏》虽是白话佛典，但亦兼具通俗文艺与学术价值，以达到雅俗共赏、三根普被的效果，所以每册书均以题解、源流、解说等章节，阐述经文的时代背景、影响价值及在佛教历史和思想演变上的地位角色。

兹值佛光山开山三十周年，诸方贤圣齐来庆祝，历经五载、集二百余人心血结晶的百余册《中国佛教经典宝藏》也于此时隆重推出，可谓意义非凡，论其成就，则有四点可与大家共同分享：

一、**佛教史上的开创之举**：民国以来的白话佛经翻译虽然很多，但都是法师或居士个人的开示讲稿或零星的研究心得，由于缺乏整体性的计划，读者也不易窥探佛法之堂奥。有鉴于此，《中国佛教经典宝藏》丛书突破窠臼，将古来经律论中之重要著作，做有系统的整理，为佛典翻译史写下新页！

二、**杰出学者的集体创作**：《中国佛教经典宝藏》丛书结合中国大陆北京、南京各地名校的百位教授、学者通力撰稿，其中博士学位者占百分之八十，其他均拥有硕士学位，在当今出版界各种读物中难得一见。

三、**两岸佛学的交流互动**：《中国佛教经典宝藏》撰述大部分由大陆饱学能文之教授负责，并搜录台湾教界大德和居士们的论著，借此衔接两岸佛学，使有互动的因缘。编审部分则由台湾和大陆学有专精之学者从事，不仅对中国大陆研究佛学风气具有带动启发之作用，对于台海两岸佛学交流更是帮助良多。

四、**白话佛典的精华集萃**：《中国佛教经典宝藏》将佛典里具有思想性、启发性、教育性、人间性的章节做重点式的集萃整理，有别于坊间一般"照本翻译"的白话佛典，使读者能充分享受"深入经藏，智慧如海"的法喜。

今《中国佛教经典宝藏》付梓在即，吾欣然为之作序，并借此感谢慈惠、依空等人百忙之中，指导编修；吉广舆等人奔走两岸，穿针引线；以及王志远、赖永海等大陆教授的辛勤撰述；刘国香、陈慧剑等台湾学者的周详审核；满济、永应等"宝藏小组"人员的汇编印行。他们的同心协力，使得这项伟大的事业得以不负众望，功竟圆成！

《中国佛教经典宝藏》虽说是大家精心擘划、全力以赴的巨作，但经义深邃，实难尽备；法海浩瀚，亦恐有遗珠之憾；加以时代之动乱，文化之激荡，学者教授于契合佛心，或有差距之处。凡此失漏必然甚多，星云谨以愚诚，祈求诸方大德不吝指正，是所至祷。

一九九六年五月十六日于佛光山

原版序
敲门处处有人应

慈惠

    《中国佛教经典宝藏》是佛光山继《佛光大藏经》之后，推展人间佛教的百册丛书，以将传统《大藏经》精华化、白话化、现代化为宗旨，力求佛经宝藏再现今世，以通俗亲切的面貌，温渥现代人的心灵。

    佛光山开山三十年以来，家师星云上人致力推展人间佛教，不遗余力，各种文化、教育事业蓬勃创办，全世界弘法度化之道场应机兴建，蔚为中国现代佛教之新气象。这一套白话精华大藏经，亦是大师弘教传法的深心悲愿之一。从开始构想、擘划到广州会议落实，无不出自大师高瞻远瞩之眼光，从逐年组稿到编辑出版，幸赖大师无限关注支持，乃有这一套现代白话之大藏经问世。

    这是一套多层次、多角度、全方位反映传统佛教文化的丛书，取其精华，舍其艰涩，希望既能将《大藏经》

深睿的奥义妙法再现今世，也能为现代人提供学佛求法的方便舟筏。我们祈望《中国佛教经典宝藏》具有四种功用：

一、是传统佛典的精华书

中国佛教典籍汗牛充栋，一套《大藏经》就有九千余卷，穷年皓首都研读不完，无从赈济现代人的枯槁心灵。《宝藏》希望是一滴浓缩的法水，既不失《大藏经》的法味，又能有稍浸即润的方便，所以选择了取精用弘的摘引方式，以舍弃庞杂的枝节。由于执笔学者各有不同的取舍角度，其间难免有所缺失，谨请十方仁者鉴谅。

二、是深入浅出的工具书

现代人离古愈远，愈缺乏解读古籍的能力，往往视《大藏经》为艰涩难懂之天书，明知其中有汪洋浩瀚之生命智慧，亦只能望洋兴叹，欲渡无舟。《宝藏》希望是一艘现代化的舟筏，以通俗浅显的白话文字，提供读者遨游佛法义海的工具。应邀执笔的学者虽然多具佛学素养，但大陆对白话写作之领会角度不同，表达方式与台湾有相当差距，造成编写过程中对深厚佛学素养与流畅白话语言不易兼顾的困扰，两全为难。

三、是学佛入门的指引书

佛教经典有八万四千法门，门门可以深入，门门是无限宽广的证悟途径，可惜缺乏大众化的入门导览，不易寻觅捷径。《宝藏》希望是一支指引方向的路标，协助十方大众深入经藏，从先贤的智慧中汲取养分，成就无上的人生福泽。

四、是解深入密的参考书

佛陀遗教不仅是亚洲人民的精神归依，也是世界众生的心灵宝藏。可惜经文古奥，缺乏现代化传播，一旦庞大经藏沦为学术研究之训诂工具，佛教如何能扎根于民间？如何普济僧俗两众？我们希望《宝藏》是百粒芥子，稍稍显现一些须弥山的法相，使读者由浅入深，略窥三昧法要。各书对经藏之解读诠释角度或有不足，我们开拓白话经藏的心意却是虔诚的，若能引领读者进一步深研三藏教理，则是我们的衷心微愿。

大陆版序一

释双

  《中国佛教经典宝藏》是一套对主要佛教经典进行精选、注译、经义阐释、源流梳理、学术价值分析，并把它们翻译成现代白话文的大型佛学丛书，成书于二十世纪九十年代，由台湾佛光文化事业有限公司出版，星云大师担任总监修，由大陆的杜继文、方立天以及台湾的星云大师、圣严法师等两岸百余位知名学者、法师共同编撰完成。十几年来，这套丛书在两岸的学术界和佛教界产生了巨大的影响，对研究、弘扬作为中国传统文化重要组成部分的佛教文化，推动两岸的文化学术交流发挥了十分重要的作用。

  《中国佛学经典宝藏》则是《中国佛教经典宝藏》的简体字修订版。之所以要出版这套丛书，主要基于以下的考虑：

  首先，佛教有三藏十二部经、八万四千法门，典籍浩瀚，博大精深，即便是专业研究者，穷其一生之精力，恐也难阅尽所有经典，因此之故，有"精选"之举。

其次，佛教源于印度，汉传佛教的经论多译自梵语；加之，代有译人，版本众多，或随音，或意译，同一经文，往往表述各异。究竟哪一种版本更契合读者根机？哪一个注疏对读者理解经论大意更有助益？编撰者除了标明所依据版本外，对各部经论之版本和注疏源流也进行了系统的梳理。

再次，佛典名相繁复，义理艰深，即便识得其文其字，文字背后的义理，诚非一望便知。为此，注译者特地对诸多冷僻文字和艰涩名相，进行了力所能及的注解和阐析，并把所选经文全部翻译成现代汉语。希望这些注译，能成为修习者得月之手指、渡河之舟楫。

最后，研习经论，旨在借教悟宗、识义得意。为了将其思想义理和现当代价值揭示出来，编撰者对各部经论的篇章品目、思想脉络、义理蕴涵、学术价值等所做的发掘和剖析，真可谓殚精竭虑、苦心孤诣！当然，佛理幽深，欲入其堂奥、得其真义，诚非易事！我们不敢奢求对于各部经论的解读都能鞭辟入里，字字珠玑，但希望能对读者的理解经义有所启迪！

习近平主席最近指出："佛教产生于古代印度，但传入中国后，经过长期演化，佛教同中国儒家文化和道家文化融合发展，最终形成了具有中国特色的佛教文化，给中国人的宗教信仰、哲学观念、文学艺术、礼仪习俗等留下了深刻影响。"如何去研究、传承和弘扬优秀佛教文化，是摆在我们面前的一个重要课题，人民东方出版传媒有限公司拟对繁体字版的《中国佛教经典宝藏》进行修订，并出版简体字版的《中国佛学经典宝藏》，随喜赞叹，寥寄数语，以叙因缘，是为序。

二〇一六年春于南京大学

大陆版序二

依空

身材高大、肤色白皙、擅长军事的亚利安人，在公元前四千五百多年从中亚攻入西北印度，把当地土著征服之后，为了彻底统治这里的人民，建立了牢不可破的种姓制度，创造了无数的神祇，主要有创造神梵天、破坏神湿婆、保护神毗婆奴。人们的祸福由梵天决定，为了取悦梵天大神，需要透过婆罗门来沟通，因为他们是从梵天的口舌之中生出，懂得梵天的语言——繁复深奥的梵文，婆罗门阶级是宗教祭祀师，负责教育，更掌控了神与人之间往来的话语权。四种姓中最重要的是刹帝利，举凡国家的政治、经济、军事、文化等等都由他们实际操作，属贵族阶级，由梵天的胸部生出。吠舍则是士农工商的平民百姓，由梵天的膝盖以上生出。首陀罗则是被踩在梵天脚下的土著。前三者可以轮回，纵然几世轮转都无法脱离原来种姓，称为再生族；首陀罗则连轮回的因缘都没有，为不生族，生生世世为首陀罗，子孙也倒霉跟着宿命，无法改变身份。相对于此，贱民比首陀罗更为卑微、低贱，连四种姓都无法跻身其中，只能从事挑粪、焚化尸体等最卑贱、龌龊的工作。

出身于高贵种姓释迦族的悉达多太子，为了打破种姓制度的桎梏，舍弃既有的优越族姓，主张一切众生皆平等，成正等觉，创立了佛教僧团。为了贯彻佛教的平等思想，佛陀不仅先度首陀罗身份的优婆离出家，后度释迦族的七王子，先入山门为师兄，树立僧团伦理制度。佛陀更严禁弟子们用贵族的语言——梵文宣讲佛法，而以人民容易理解的地方口语来演说法义，这就是巴利文经典的滥觞。佛陀认为真理不应该是属于少数贵族、知识分子的专利或装饰，而应该更贴近普罗大众，属于平民百姓共有共知。原来佛陀早就在推动佛法的普遍化、大众化、白话化的伟大工作。

佛教从西汉哀帝末年传入中国，历经东汉、魏晋南北朝、隋唐的漫长艰巨的译经过程，加上历代各宗派祖师的著作，积累了庞博浩瀚的汉传佛教典籍。这些经论义理深奥隐晦，加以书写的语言文字为千年以前的古汉文，增加现代人阅读的困难，只能望着汗牛充栋的三藏十二部扼腕慨叹，裹足不前。

如何让大众轻松深入佛法大海，直探佛陀本怀？佛光山开山宗长星云大师乃发起编纂《中国佛教经典宝藏》。一九九一年，先在大陆广州召开"白话佛经编纂会议"，订定一百本的经论种类、编写体例、字数等事项，礼聘中国社科院的王志远教授、南京大学的赖永海教授分别为中国大陆北方与南方的总联络人，邀请大陆各大学的佛教学者撰文，后来增加台湾部分的三十二本，是为一百三十二册的《中国佛教经典宝藏精选白话版》，于一九九七年，作为佛光山开山三十周年的献礼，隆重出版。

六七年间我个人参与最初的筹划，多次奔波往来于大陆与台湾，小心谨慎带回作者原稿，印刷出版、营销推广。看到它成为佛教徒家中的传家宝藏，有心了解佛学的莘莘学子的入门指南书，为星云大师监修此部宝藏的愿心深感赞叹，既上契佛陀"佛法不舍一众"的慈悲本怀，更下启人间佛教"普世益人"的平等精神。尤其可喜者，欣闻现大陆出版方东方出版社潘少平总裁、彭明哲副总编亲自担纲筹划，组织资深编辑精校精勘；更有旅美企业家鲁彼德先生事业有成之际，秉"十方来，十方去，共成十方事"之襟怀，促成简体字版《中国佛学经典宝藏》的刊行。今付梓在即，是为序，以表随喜祝贺之忱！

二〇一六年元月

目　录

题　解　001

经　典　007

1　序　009

2　译经　013

　唐京兆大荐福寺义净　013

　唐洛阳广福寺金刚智　021

　唐京兆大兴善寺不空　029

　唐洛京圣善寺善无畏　042

　唐洛京大遍空寺实叉难陀　057

　唐洛京长寿寺菩提流志　060

3　义解　064

　唐京兆大慈恩寺窥基　064

　唐京兆大慈恩寺普光　074

　唐京师西明寺圆测　076

　唐京师安国寺元康　078

唐京兆大慈恩寺嘉尚　081

唐淄州慧沼　083

唐京兆大慈恩寺彦悰　085

唐新罗国黄龙寺元晓　087

唐中岳嵩阳寺一行　092

唐京兆西崇福寺智升　102

唐代州五台山清凉寺澄观　104

唐处州法华寺智威（附慧威）　111

唐台州国清寺湛然　113

唐圭峰草堂寺宗密　119

4　习禅　128

唐蕲州东山弘忍　128

唐韶州今南华寺慧能　134

唐荆州当阳山度门寺神秀　141

唐洛京荷泽寺神会　146

唐温州龙兴寺玄觉　150

唐京兆慈恩寺义福　156

唐京师兴唐寺普寂　159

唐南岳观音台怀让　162

唐润州幽栖寺玄素　165

唐均州武当山慧忠　170

唐南岳石头山希迁　177

唐洪州开元寺道一　181

唐荆州天皇寺道悟　185

唐新吴百丈山怀海　191

唐南阳丹霞山天然　194

唐池州南泉院普愿　197

唐赵州东院从谂　201

唐大沩山灵祐　203

唐朗州德山院宣鉴　206

唐真定府临济院义玄　209

唐洪州洞山良价　211

唐福州雪峰广福院义存　213

唐袁州仰山慧寂　219

梁抚州①曹山本寂　222

周金陵清凉院文益　224

5　明律　227

唐京兆西明寺道宣　227

唐京师恒济寺怀素　237

唐扬州大云寺鉴真　242

6　护法　247

唐朗州药山惟俨　247

7　感通　253

唐升州庄严寺惠忠　253

　　　　　唐洪州黄檗山希运　259

　　　　　唐明州奉化县契此　263

　　　8　遗身　265

　　　　　唐汾州僧藏　265

　　　9　读诵　267

　　　　　唐并州石壁寺明度　267

　　　10　兴福　269

　　　　　宋钱塘永明寺延寿　269

　　　　　唐湖州杼山皎然　272

　　　11　杂科　278

　　　　　梁成都东禅院贯休　278

源　流　283

解　说　289

参考书目　295

题

解

《宋高僧传》，又称《大宋高僧传》或《高僧传三集》。称《宋高僧传》者，盖因编纂者赞宁系北宋之僧人，故名。若就收录之对象言，所收者多为唐、五代之高僧，因此之故，近人杨文会认为称《宋高僧传》颇不妥，遂改之为《高僧传三集》。

　　本书之体例、结构，一如《唐高僧传》。全书亦分为十科：一译经，卷一至卷三，共三卷；二义解，卷四至卷七，共四卷；三习禅，卷八至卷十三，共六卷；四明律，卷十四至卷十六，共三卷；五护法，卷十七，一卷；六感通，卷十八至卷二十二，共五卷；七遗身，卷二十三，一卷；八读诵，卷二十四至卷二十五，共二卷；九兴福，卷二十六至卷二十八，共三卷；十杂科，卷二十九至卷三十，共二卷。

就起讫时限和收录僧数来说，《宋高僧传》上续道宣之《唐高僧传》，起于唐高宗乾封二年（公元六六七年），终于宋太宗雍熙四年（公元九八七年），前后凡三百二十年，所收录僧人正传五百三十二人，附见一百二十五人，其中十之八九为唐僧，余则五代和北宋之僧人。从传中所收录的僧数和内容看，此书之特色在"习禅"和"感通"二科。其中"习禅"为六卷，收禅僧正传一百零三人，附见二十九人，所占篇幅和所收录僧数皆占全书的五分之一。禅宗历代祖师，包括分灯后之五祖，除云门文偃外，都列有专传，因此，此书对于人们研究唐、宋禅学具有重要的史料价值。

其次是"感通"，此科所占之篇幅（五卷）和所收僧数（正传八十九人，附见二十三人）皆仅次于"习禅"篇，而远远超出"译经""义解"诸科。如果从纯学术研究的角度说，则有如某些学者所指出的"所记神异感通事迹过多"，但若从护法弘教方面立论，则自有其宗教之价值。

此书之作者赞宁，是北宋之僧人，俗姓高，祖籍渤海，其祖先隋末徙于吴兴之德清县。生于唐天祐十六年（公元九一九年），后唐天成年间出家，博涉三藏，尤精南山律，有"律虎"之誉。对于儒道二家学说，亦多所涉猎，颇有造诣，很受当世王侯、名士仰敬。吴越钱俨钦其德操，委以两浙僧统之任，并赐以紫方袍并"明义宗文大师"之号。后来，宋太宗对他也礼遇有加，赐以"通慧大师"之号，并先后任翰林史馆编修、左街讲经首座、西京教事、右街僧录等职，宋咸平四年（公元一〇〇一年）入寂，世寿八十三。

对于赞宁其人，史上褒贬不一，有人甚推赞之，有人则对他颇有微词。褒之者，主要赞颂他精通律学、颇善文辞，于僧史、僧传之编纂、整理多有贡献；贬之者，则认为其人、其书有媚世附俗、与时俯仰之嫌。例如著名学者陈垣就把《宋传》与《梁传》和《唐传》作了比较，认为前二传皆提倡高蹈远遁，主张沙门不应礼拜俗事，而赞宁既身为僧统、僧录，又主张僧侣当与国王接近，至于《宋传》，更是奉诏而作，故非但其书不能与前二传媲美，其人充其量也只能算是个"名僧"，而不可称之为"高僧"。（详见陈垣著《中国佛教史籍概论》第四十五页至四十六页）

《宋高僧传》虽因"奉诏而作"而多少有随俗浮沉、与时俯仰之偏弊，但由于是皇帝交给的任务，赞宁不敢有丝毫怠慢，故自太平兴国七年（公元九八二年）至端拱元年（公元九八八年），历时六载，作者兢兢于此。加之朝廷又为他提供较优越的条件，使得《宋传》对于僧人之收录比较全面，资料之搜集也比较周详，因而在诸多僧传中，它一直与《梁高僧传》和《唐高僧传》一起，被视为僧传中之名著。赞宁对此书也自视颇高，他虽然撰写了不少著作，但尤其注重此书，在此书的"后序"中，他说："俾将来君子，知我者以《僧传》，罪我者亦以《僧传》。"可见赞宁把此书看成是自己的代表作，其用力之勤、费神之巨是可以想见的。

作为中国佛教史上的一部重要僧传，自宋之后，几乎各种重要的藏经都予以刊载，金陵刻经处也有单刻本，称《高僧传三集》，中华书局于一九八七年出版了由范祥雍点校的铅印本，此书则以范祥雍点校的中华书局版为底本。

经典

1 序

宋·赞宁

原典

臣闻贤劫①绵长，世间宏廓，天与时而不尽，地受富以无疆，最灵之气创于中，大圣之师居于上。伟哉！释迦方隐，弥勒未来，其间出命世之人，此际多分身之圣，肆为僧相，喜示沙门。言与行而可观，椠②兼觚③而争录。是以王巾④《僧史》，孙绰《道贤》，摹列传以周流，象世家而布濩，盖欲希颜之者，慕蔺之俦，成飞锡⑤之应真，作曳山之上士。

时则裴子野著《众僧传》，释法济撰《高逸沙门传》，陆杲述《沙门传》，释宝唱立《名僧传》，斯皆河图作洪范之椎轮，土鼓为咸池之坏器。焉知来者，靡旷其人。

慧皎刊修，用实行潜光之目；道宣缉缀，续高而不名之风，令六百载行道之人弗坠于地者矣。……

慨兹释侣，代有其人，思景行之莫闻，实纪录之弥旷。臣等谬膺良选，俱乏史才，空门不出于董狐⑥，弱手难探于禹穴⑦，而乃循十科之旧例，辑万行之新名。或案诔铭，或征志记，或问辒轩⑧之使者，或询耆旧之先民，研磨将经论略同，雠校与史书悬合。勒成三帙，上副九重，列僧宝之瑰奇，知佛家之富贵。……其正传五百三十三人，附见一百三十人。短复逐科尽处，象史论以摅辞；因事言时，为传家之系断。厥号《大宋高僧传》焉。庶几乎铜马为式，选千里之骏驹；竹编见书，实六和之年表。观之者务进，悟之者思齐，皆登三藐之山，悉入萨云之海，永资圣历，俱助皇明，齐爱日之炳光，应嵩山之呼寿云尔。时端拱元年乾明节臣僧赞宁等谨上。

注释

① **贤劫**：全称"现在贤劫"，音译"波陀劫""陂陀劫"等，与"过去庄严劫""未来星宿劫"合称"三劫"，谓现在之二十增减住劫中，有千佛贤圣出世化导众生，故称。

② **柰**：古代用木削成以备书写用之板片。

③ 觚：古代用来书写之木简。

④ 王㞷：有些版本作"王巾"，即《僧史》之作者。

⑤ 飞锡：指僧侣行脚、游历各处。

⑥ 董狐：春秋时晋史官，以直笔著称，后多作为直书不讳良史之代称。

⑦ 禹穴：今浙江绍兴之会稽山，传说为禹之葬地。一说为禹藏书处。

⑧ 辐轩：古代帝王之使者多乘辐轩，后因之称使臣为"辐轩使"。

译文

贤劫久长，世间宏阔，万物日新而不已，天地绵绵无绝期，灵秀之气创于中，大圣之师居于上。释迦入灭之后，弥勒下生之前，其间多有贤哲圣人出世，降迹沙门，示现僧相，言行可观，诸书著录。是故王㞷有《僧史》之撰，孙绰有《道贤》之书，此皆类似俗家史书之列传，列其事迹，传之后代，教导世人，仰贤希圣。

后有裴子野著《众僧传》，释法济撰《高逸沙门传》，陆杲述《沙门传》，宝唱立《名僧传》，世俗之朝廷虽屡有更迭，然撰著僧传者代有其人。

至梁慧皎总结以前诸僧传，以"高"代"名"，出《高僧传》；唐道宣续而作之，又有《续高僧传》面世。

由于这些僧传，使得自汉至唐六百余年间诸高僧大德之言行事迹得以显扬于世。……

自道宣《续传》之后，又陆续出现了许多高僧大德。他们之亮节高风、言行事迹，有待整理记录。臣等不揣鄙陋，谬膺此职，无奈空门不出于董狐，弱手难探于禹穴，只好遵循道宣所立之十科旧例，辑录诸大德之言行。此中之所出者，或来诸诔铭，或出自志记，或咨之于臣僚、使者，或问询于先民遗老，按照有关体例，辑成三帙，列诸高僧之德行，使世知佛家之代有高人。……其正传五百三十三人，附见一百三十人，分科撰述，因事言时，其号曰《大宋高僧传》。……端拱元年（公元九八八年）乾明节臣僧赞宁谨上。

2 译经

唐京兆大荐福寺义净

原典

　　释义净，字文明，姓张氏，范阳①人也。髫龀之时，辞亲落发。遍询名匠，广探群籍，内外闲习，今古博通。年十有五，便萌其志，欲游西域，仰法显之雅操，慕玄奘之高风。加以勤无弃时，手不释卷，弱冠登具，愈坚贞志。

　　咸亨二年，年三十有七，方遂发足。初至番禺②，得同志数十人，及将登舶，余皆退罢。净奋励孤行，备历艰险，所至之境，皆洞言音。凡遇酋长，俱加礼重。鹫峰③、鸡足④，咸遂周游；鹿苑⑤、祇林⑥，并谐瞻瞩。诸有圣迹，毕得追寻。

经二十五年，历三十余国，以天后证圣元年乙未仲夏，还至河洛，得梵本经律论近四百部，合五十万颂；金刚座真容一铺，舍利三百粒。天后亲迎于上东门外，诸寺缁伍，具幡盖、歌乐前导，敕于佛授记寺安置焉。

初与于阗三藏实叉难陀翻《华严经》。久视之后，乃自专译。起庚子岁至长安癸卯，于福先寺及雍京西明寺译《金光明最胜王》《能断金刚般若》《弥勒成佛》《一字咒王》《庄严王陀罗尼》《长爪梵志》等经，《根本一切有部毗奈耶》《尼陀那目得迦》《百一羯磨》《摄》等，《掌中》《取因假设》《六门教授》等论，及《龙树劝诫颂》，凡二十部。北印度沙门阿儞真那证梵文义，沙门波仑、复礼、慧表、智积等笔受、证文，沙门法宝、法藏、德感、胜庄、神英、仁亮、大仪、慈训等证义，成均太学助教许观监护，缮写进呈。天后制《圣教序》，令标经首。

暨和帝神龙元年乙巳，于东洛内道场译《孔雀王经》，又于大福先寺出《胜光天子》《香王菩萨咒》《一切庄严王经》等四部，沙门盘度读梵文，沙门玄伞笔受，沙门大仪证文，沙门胜庄、利贞证义，兵部侍郎崔湜、给事中卢粲润文正字，秘书监驸马都尉杨慎交监护。帝深崇释典，特抽睿思，制《大唐龙兴三藏圣教序》；又御洛阳西门，宣示群官新翻之经。

二年，净随驾归雍京，置翻经院于大荐福寺，居之。三年，诏入内与同翻经沙门九旬坐夏⑦。帝以昔居房部，幽厄无归，祈念药师，遂蒙降祉，荷兹往泽，重阐鸿猷。因命法徒更重传译于大佛光殿，二卷成文，曰《药师琉璃光佛本愿功德经》。帝御法筵，手自笔受。

睿宗唐隆元年⑧庚戌，于大荐福寺出《浴像功德经》《毗奈耶杂事二众戒经》《唯识宝生》《所缘释》等二十部，吐火罗⑨沙门达磨末磨、中印度沙门拔弩证梵义，罽宾沙门达磨难陀证梵文，居士东印度首领伊舍罗证梵本，沙门慧积、居士中印度李释迦度颇多读梵本，沙门文纲、慧沼、利贞、胜庄、爱同、思恒证义，玄伞、智积笔受，居士东印度瞿昙金刚、迦湿弥罗国王子阿顺证译，修文馆大学士李峤、兵部尚书韦嗣立、中书侍郎赵彦昭、吏部侍郎卢藏用、兵部侍郎张说、中书舍人李乂二十余人次文润色，左仆射韦巨源、右仆射苏瑰监护，秘书大监嗣虢王邕同监护。

景云二年辛亥，复于大荐福寺译《称赞如来功德神咒》等经，太常卿薛崇嗣监护。自天后久视迄睿宗景云，都翻出五十六部，二百三十卷。又别撰《大唐西域求法高僧传》《南海寄归传内法传》⑩。别《说罪要行法》《受用三水要行法》《护命放生轨仪》，凡五部，九卷。

又出《说一切有部跋窣堵》，即诸律中犍度、跋渠之类，盖梵音有楚夏耳，约七十八卷。净虽遍翻三藏，而偏攻律部，译缀之暇，曲授学徒。凡所行事皆尚急护，漉囊涤秽，特异常伦。学侣传行，遍于京洛，美哉，亦遗法之盛事也。

先天二年卒，春秋七十九，法腊五十九。葬事官供所出。《跋窣堵》唯存真本，未暇复疏，而逼泥曰，然其传度经律，与奘师抗衡；比其著述，净多文。性传密咒，最尽其妙，二三合声，尔时方晓矣。今塔在洛京龙门北之高冈焉。

注释

① **范阳**：古县名，在今河北省涿县。义净祖籍一说为齐州（今山东历城）。

② **番禺**：今广州市番禺区。

③ **鹫峰**：又称"灵鹫山""灵山"，音译"阇崛"，在印度摩揭陀国王舍城东北，佛陀曾于此说《法华》等经，遂成佛教胜地。

④ **鸡足**：又作"鸡脚山""尊足山"等，在中印度摩揭陀国，乃摩诃迦叶入寂之地。

⑤ **鹿苑**："鹿野苑"，在北印度瓦拉纳西市北，为释迦牟尼初转法轮之处。

⑥ **祇林**：全称"祇树给孤独园"，乃祇陀太子与给

孤独长者赠送给佛陀说法之园林，佛陀经常于此处说法，与王舍城之竹林精舍并称为佛教最早之两大精舍。

⑦ **坐夏：** 又作"安居""夏安居"，指于夏季之雨期禁止外出，僧人聚集于一处致力修行。

⑧ **唐隆元年：** 应为景云元年，依《佛教史年表》载，唐隆元年乃唐中宗之年号。

⑨ **吐火罗：** 又作"吐呼罗""土豁罗""睹货罗"等，在葱岭西、乌浒河以南一带。

⑩ **《南海寄归传内法传》：** 应为《南海寄归内法传》之笔误。

译文

释义净，字文明，俗姓张，范阳（今河北涿县）人。童年即辞别双亲，落发出家。他遍访名匠，博览群籍，内书外典，悉皆研读，见多识广，博古通今。十五岁时，就十分仰慕法显、玄奘，萌发了远游西域、寻经求法之念头。尔后更加勤奋好学，手不释卷，二十岁时受具足戒，弘扬佛法之意志更加坚定。

咸亨二年（公元六七一年），当他三十七岁时，终于迈出了西行求法之第一步。起初，他到了广东之番禺，与十几个同道准备一起前往，但临上船时，其他的人都退缩了，义净只好一个人上路。一路上，他历尽艰辛，除克服了种种艰难困苦外，还学习了各地之方言。所到之处，均颇受礼遇。至印度后，不论是鹫峰、鸡足，还是鹿苑、祇林，他都周游瞻仰。各地圣迹，无不亲观。

历时二十五年，所过三十余国，于武则天证圣元年（公元六九五年）仲夏回到洛阳，带回梵文经典近四百部，计五十万颂；金刚座真容一铺，舍利三百粒。武后曾亲自到上东门外迎接他，各寺院之僧众，打着幡旗、唱着歌乐在前面做引导。后被武后敕住于佛授记寺。

起初，他与于阗国三藏实叉难陀一起翻译《华严经》。久视（久视元年为公元七〇〇年）之后，他组织译场，自主译事。从公元七〇〇年到公元七〇三年，他在洛阳福先寺及长安西明寺译《金光明最胜王》《能断金刚般若》《弥勒成佛》《一字咒王》《庄严王陀罗尼》《长爪梵志》诸经，《根本一切有部毗奈耶》《尼陀那目得迦》《百一羯磨》《摄》诸典；《掌中》《取因假设》《六门教授》等论，以及《龙树劝诫颂》等，凡二十部。北印度沙门阿�儞真那证梵文义，沙门波仑、复礼、慧表、智积等任笔受、证文，沙门法宝、法藏、德感、胜庄、神英、仁亮、大仪、慈训担任证义，成均太学助教许观监护，缮写进呈武后。武后为其制《圣教序》，标于经首。

至唐中宗神龙元年（公元七〇五年）于洛阳内道场译出《孔雀王经》，又于大福先寺译出《胜光天子》《香王菩萨咒》《一切庄严王经》等四部，沙门盘度读梵文，沙门玄伞任笔受，沙门大仪任证文，沙门胜庄、利贞担任证义，兵部侍郎崔湜和给事中卢粲从事润文、正字，秘书监驸马都尉杨慎交充当监护。中宗李显崇尚佛法，亲自撰写《大唐龙兴三藏圣教序》；又驾临洛阳西门，向众官员宣示新译经典。

神龙二年，义净随驾回到长安，在大荐福寺建立翻经院，并住于翻经院内。神龙三年，中宗下诏，令其入皇宫与翻经诸沙门一起坐夏。中宗以前曾寄居寺院，曾祈念药师佛，蒙佛护佑，故他甚重《药师佛经》，令法徒于大佛光殿重新翻译该经，译成二卷，称《药师琉璃光佛本愿功德经》。皇帝亲临法席，自任笔受之职。

睿宗景云元年（公元七一〇年），于大荐福寺译出《浴像功德经》《毗奈耶杂事二众戒经》《唯识宝生》《所缘释》等二十部；吐火罗沙门达磨末磨、中印度沙门拔弩担任证梵义，罽宾沙门达磨难陀证梵文，东印度首领伊舍罗居士证梵本，沙门慧积、中印度居士李释迦度颇多读梵本，沙门文纲、慧沼、利贞、胜庄、爱同、思恒担任证义，玄伞、智积担任笔受，东印度居士瞿昙金刚、迦湿弥罗国王子阿顺任证译，修文馆大学士李峤、兵部尚书韦嗣立、中书侍郎赵彦昭、吏部侍郎卢藏用、兵部侍郎张说、中书舍人李乂二十余人从事缀文润色，左仆射韦巨源、右仆射苏瑰充当监护，秘书大监虢王邕也同为监护。

景云二年（公元七一一年），又于大荐福寺译出《称赞如来功德神咒》诸经，太常卿薛崇嗣任监护。自武后久视（公元七〇〇年）至睿宗景云年间（公元七一一年），共译出经典五十六部，二百三十卷。另外，又撰写了《大唐西域求法高僧传》《南海寄归内法传》等著作。于律仪方面，他又撰写了《说罪要行法》《受用三水要行法》《护命放生轨仪》等五部，共九卷。

又译出《说一切有部跋窣堵》，亦即诸律中有关品类、章节之类的内容，约七十八卷。义净虽遍翻三藏，而尤精律部，译事之余，也收徒授学。其为人行事，特别审慎，注重行仪，唯恐失度。其门人学徒，遍于京洛，乃一代之高僧也。

先天二年（公元七一三年）入寂，世寿七十九，法腊五十九。葬事由官方操办。其所译之《跋窣堵》只存真本，未及复疏就入寂了，但义净传译经律之多，可与玄奘相抗衡；而如果仅就其著述言，义净则比玄奘还多。此外，他对密咒也非常精通，是一位多才多学之高僧。其塔今在洛阳龙门北面之高岗上。

唐洛阳广福寺金刚智

原典

释跋日罗菩提，华言金刚智，南印度摩赖耶国[①]人也。华言光明，其国境近观音宫殿补陀落伽山。父婆罗门，善五明论，为建支王师。智生数岁，日诵万言，目览心传，终身无忘。年十六，开悟佛理，不乐习尼揵子诸论，乃削染出家，盖宿殖之力也。后随师往中印度那烂陀寺，学修多罗、阿毗达磨等。洎登戒法，遍听十八部律。又诣西印度学小乘诸论及瑜伽三密陀罗尼门。十余年全通三藏。次复游师子国，登楞伽山，东行佛誓、裸人等二十余国。闻脂那[②]佛法崇盛，泛舶而来，以多难故，累岁方至。

开元己未岁，达于广府，敕迎就慈恩寺，寻徙荐福寺。所住之刹，必建大曼拏罗[③]灌顶道场，度于四众。大智大慧二禅师、不空三藏皆行弟子之礼焉。后随驾洛阳，其年自正月不雨迄于五月，岳渎灵祠，祷之无应。乃诏智结坛祈请。于是用不空钩、依菩萨法，在所住处起坛，深四肘，躬绘七俱胝菩萨像，立期以开光，明日定随雨焉。帝使一行禅师谨密候之。

至第七日，炎气爞爞，天无浮翳。午后，方开眉眼,即时西北风生,飞瓦拔树,崩云泄雨,远近惊骇。而结坛之地,穿穴其屋,洪注道场。质明,京城士庶皆云:"智获一龙,穿屋飞去。"求观其处,日千万人,斯乃坛法之神验也。于时帝留心玄牝④,未重空门,所司希旨,奏外国蕃僧遣令归国,行有日矣。侍者闻智,智曰:"吾是梵僧,且非蕃胡,不干明敕,吾终不去。"数日,忽乘传将之雁门,奉辞,帝大惊,下手诏留住。

初,帝之第二十五公主甚钟其爱,久疾不救,移卧于咸宜外馆,闭目不语,已经旬朔。有敕令智授之戒法,此乃料其必终,故有是命。智诣彼,择取宫中七岁二女子,以绯缯缠其面目,卧于地,使牛仙童写敕一纸,焚于他所,智以密语咒之。二女冥然诵得,不遗一字。智入三摩地,以不思议力令二女持敕诣琰摩王⑤。食顷间,王令公主亡保母刘氏护送公主魂随二女至,于是公主起坐,开目言语如常。帝闻之,不俟仗卫,驰骑往于外馆。公主奏曰:"冥数难移,今王遣回,略觐圣颜而已。"可半日间,然后长逝。自尔帝方加归仰焉。

武贵妃宠异六宫,荐施宝玩,智劝贵妃急造金刚寿命菩萨像;又劝河东郡王于毗卢遮那塔中绘像,谓门人曰:"此二人者寿非久矣。"经数月,皆如其言。凡先觉多此类也。

智理无不通,事无不验,经论、戒律、秘咒余书,随问剖陈，如钟虡受。有登其门者，智一觌其面，永不忘焉。至于语默兴居，凝然不改，喜怒逆顺，无有异容，瞻礼者莫知津涯，自然率服矣。

自开元七年，始届番禺，渐来神甸，广敷密藏，建曼拏罗，依法制成，皆感灵瑞。沙门一行钦尚斯教，数就咨询，智一一指授，曾无遗隐。一行自立坛灌顶，遵受斯法，既知利物，请译流通。十一年，奉敕于资圣寺翻出《瑜伽念诵法》二卷、《七俱胝陀罗尼》二卷，东印度婆罗门大首领直中书伊舍罗译语，嵩岳沙门温古笔受。十八年，于大荐福寺又出《曼殊室利五字心陀罗尼》《观自在瑜伽法要》各一卷，沙门智藏译语，一行笔受，删缀成文。复观旧随求本中有阙章句，加之满足。智所译总持印契，凡至皆验，秘密流行，为其最也。两京禀学，济度殊多，在家出家，传之相继。

二十年壬申八月既望，于洛阳广福寺命门人曰："白月圆时，吾当去矣。"遂礼毗卢遮那佛，旋绕七匝，退归本院，焚香发愿，顶戴梵夹并新译教法，付嘱讫，寂然而化，寿七十一，腊五十一。其年十一月七日葬于龙门南伊川之右，建塔旌表。传教弟子不空奏举，敕谥国师之号。灌顶弟子中书侍郎杜鸿渐，素所归奉，述碑纪德焉。

注释

①**摩赖耶国**：又作"麻离拔""没来国""八罗孛国"等，印度古国名，今印度半岛西南马拉巴尔一带。

②**脂那**：支那，指中国。

③**曼拏罗**：又作"曼陀罗""漫荼罗"等，意译为坛，印度修密法时，为防止魔众侵入，而画圆形、方形之区域，或建立坛。

④**玄牝**：《老子》语："玄牝之门，是为天地根。"此指老庄学说及道教。

⑤**琰摩王**：阎摩王，梵名 Yama-rāja，又称阎罗王、琰魔王，略称阎罗、阎王、死王。为冥界之总司，地狱之主神。

译文

释跋日罗菩提，汉地称为金刚智，是南印度摩赖耶国（今印度半岛西南马拉巴尔一带）人。此国汉语叫光明国，位于观音圣地补陀落伽山附近。其父是婆罗门，善五明论，为建支王师。金刚智幼年时，就能日诵万言，且能终身不忘。十六岁时，就通晓佛理。他不满意尼揵子的学说，遂削发出家，此乃过去世所植善缘之结果。后来随其师父到中印度那烂陀寺，学习佛教经论。

自从受戒之后，遍受十八部律。又到西印度学小乘诸论及瑜伽三密陀罗尼门。十多年时间内，他就精通三藏。之后，又到斯里兰卡国去游学，登楞伽山，并游化于佛逝、裸人等二十余国。听说中国佛法隆盛，遂随船来东土，一路上历尽艰辛，颇费时日，先后花了几年时间才来到中土。

唐开元己未年（公元七一九年）到达广州，皇上下敕迎他住止于慈恩寺，不久又移居大荐福寺。他每到一个寺院，必建大曼陀罗灌顶道场，化度四众弟子。其时，大智、大慧二禅师及不空三藏等，都对他执弟子礼。后来，随皇上到了洛阳。抵达洛阳那一年，自正月至五月，连续干旱，滴水不降，虽做了很多祈雨之祭祀，但均无灵验。朝廷乃下诏让金刚智结坛祈雨。金刚智就用不空钩、依菩萨法，在其住处起坛，并亲自绘画七俱胝菩萨像，定下开光日期，并说至开光之后，就能下雨。皇帝特派遣一行禅师配合他。

至第七天，烈日炎炎，天无片云。午后，顿起西北风，风势极大，一时间飞瓦拔树，过后，就下起了滂沱大雨，万众欢呼。而在他结坛之处，屋顶被雷击穿一个大洞，地上洪水滔滔，一直涌到道场。京城的民众都说："这个洞是金刚智捕获的那条龙，当时从屋顶飞出去时留下的。"这种说法一传开，每日都有成千上万的人想去观看此洞。当时，皇帝爱好道家及道教学说，对佛教并不很重视，曾听从官员之所奏，下敕把西域僧人遣送回国。侍者把这事转告金刚智，金刚智说："我是印度僧人，并非西域之僧人，因而不是朝廷所要遣返的对象，我不打算回去。"过了几天，忽然传令要将他送到雁门关一带去，他遂向皇上告辞，皇上一听，大吃一惊，遂亲下手诏把他留在京城。

其时，第二十五公主很受皇上的宠爱，不料染上重疾，久治无效，皇上遂把她移至咸宜外馆居住，公主闭目不能语已有十天时间。皇帝又敕令金刚智授之戒法，此乃断定公主已无救药，所以才有此敕令。金刚智奉敕至公主住处后，在宫中选了两名七岁女子，用红绸子缠住其面，让她们卧于地上，又使牛仙童写敕书一纸，在她之住所焚烧，金刚智又念动咒语真言，二女子竟然默默记住了，不漏一个字。金刚智又入定，以不思议力令二女子拿着敕书至阎罗王那里去，过了一会儿，阎罗王令公主已故之保姆刘氏随二女子把公主之灵魂护送回来，于是公主马上就坐了起来，开口说话，言语如常。皇帝听到此事，连侍卫也没带，就直奔公主住处。公主对父王说："定数已难改变，此次回来，只是再睹一次圣颜而已。"再过半天时间，就逝世了。自此之后，皇帝对金刚智更加崇敬。

又，当时宫中有一武贵妃，皇上对她之宠爱超过其他任何一个妃子，平日身体也没多大毛病，但金刚智却请她赶快营造金刚寿命菩萨像；又劝当时身体还很好之河东郡王也于毗卢遮那塔中绘画菩萨像，并对门人说："此二人已不久于人世了。"只过了几个月，二人果真相继而亡。其先知先觉，多类此。

金刚智于事理很通达，所言之事都很灵验，于经论、戒律、咒术秘籍，亦都很精通。有登其门者，金刚智一睹其面，即能永记不忘。此外，他喜怒不形于色，为人深不可测，与他接触过的人都十分佩服、赞叹。

自开元七年（公元七一九年）初抵广东番禺，后逐渐游访各地，广传密教经典，建了很多曼陀罗，依法制成，都颇有灵异祥瑞之兆。沙门一行钦尚其学，曾多次向他请益求教，金刚智一一传授于他，无所保留。一行后来自立坛灌顶，传弘其法，并请金刚智把这部经典翻译出来，以流通济众。开元十一年，奉敕于资圣寺译出《瑜伽念诵法》二卷，《七俱胝陀罗尼》二卷，东印度婆罗门大首领直中书伊舍罗担任译语之职，嵩岳沙门温古任笔受。开元十八年，又于大荐福寺译出《曼殊室利五字心陀罗尼》《观自在瑜伽法要》各一卷，沙门智藏担任译语之职，僧一行任笔受，删缀成文。凡发现旧译本中有缺少章句者，即给予补足。金刚智所译总持印契，凡至皆灵验，密法的流行亦最广。洛阳、长安一带，不论在家出家，从其受学者甚众。

开元二十年八月十五日左右，金刚智在洛阳广福寺对门人说："月圆之时，我当去矣。"遂礼毗卢遮那佛，旋绕七匝后退归本院，焚香发愿，顶戴梵夹并所译佛典，付嘱过后，寂然而化，世寿七十一，法腊五十一。其年十一月七日葬于河南龙门伊川之右，门人为他建塔旌表。传教弟子不空三藏上奏朝廷，皇上敕谥国师之号。灌顶弟子中书侍郎杜鸿渐，向来对他十分崇敬，为之撰写碑文，记其德行。

唐京兆大兴善寺不空

原典

　　释不空，梵名阿目佉跋折罗，华言不空金刚，止行二字，略也。本北天竺婆罗门族，幼失所天，随叔父观光东国。年十五，师事金刚智三藏，初导以梵本《悉昙章》及《声明论》，浃旬已通彻矣。师大异之，与受菩萨戒，引入金刚界大曼荼罗，验以掷花，知后大兴教法。洎登具戒，善解一切有部，谙异国书语。师之翻经，常令共译。凡学《声明论》，一纪之功，六月而毕。诵《文殊普贤行愿》，一年之限，再夕而终。其敏利皆此类也。欲求学新瑜伽、五部、三密法，涉于三载，师未教诏。空拟回天竺，师梦京城诸寺佛菩萨像皆东行，寐寤乃知空是真法器，遂允所求。授与五部灌顶、护摩、阿阇梨法及《毗卢遮那经》、苏悉地轨则等，尽传付之。厥后师往洛阳，随侍之际，遇其示灭，即开元二十年矣。影堂既成，追谥已毕，曾奉遗旨，令往五天^①并师子国^②，遂议遐征。

　　初至南海郡，采访使刘巨邻恳请灌顶，乃于法性寺相次度人百千万众。空自对本尊祈请旬日，感文殊现身。及将登舟，采访使召诚番禺界蕃客大首领伊习宾等曰：“今三藏往南天竺师子国，宜约束船主，好将三藏并弟子含光、慧辩等三七人，国信等达彼，无令疎失。”

二十九年十二月，附昆仑舶③，离南海，至诃陵④国界。遇大黑风，众商惶怖，各作本国法禳之，无验，皆膜拜求哀，乞加救护，慧辩等亦恸哭。空曰：“吾今有法，汝等勿忧。”遂右手执五股菩提心杵，左手持《般若佛母经》夹，作法诵“大随求”一遍，即时风偃海澄。又遇大鲸出水，喷浪若山，甚于前患。众商甘心委命，空同前作法，令慧辩诵《娑竭龙王经》，逡巡，众难俱息。

既达师子国，王遣使迎之。将入城，步骑羽卫，骈罗衢路。王见空，礼足请住宫中，七日供养。日以黄金斛满盛香水，王为空躬自洗浴；次太子、后妃、辅佐，如王之礼焉。空始见普贤阿阇梨⑤，遂奉献金宝锦绣之属，请开十八会金刚顶瑜伽法门、毗卢遮那大悲胎藏建立坛法，并许含光、慧辩等同受五部灌顶。空自尔学无常师，广求密藏及诸经论五百余部本，三昧耶诸尊密印、仪形、色像、坛法、标帜、文义、性相，无不尽源。一日，王作调象戏，人皆登高望之，无敢近者。空口诵手印，住于慈定，当衢而立，狂象数头顿皆踶跌⑥，举国奇之。次游五印度境，屡彰瑞应。

至天宝五载还京，进师子国王尸罗迷伽表及金宝璎珞、般若梵夹、杂珠、白氎等，奉敕权止鸿胪。续诏入内立坛，为帝灌顶。后移居净影寺。是岁终夏愆阳，诏令祈雨，制曰："时不得赊，雨不得暴。"空奏立孔雀王坛，未尽三日，雨已浃洽。帝大悦，自持宝箱赐紫袈裟一副，亲为披擐，仍赐绢二百匹。后因一日大风卒起，诏空禳止，请银瓶一枚作法加持，须臾戢静。忽因池鹅误触瓶倾，其风又作，急暴过前，敕令再止，随止随效。帝乃赐号曰智藏焉。

天宝八载，许回本国，乘驿骑五匹，至南海郡，有敕再留。十二载，敕令赴河陇节度使哥舒翰所请。十三载，至武威，住开元寺，节度使洎宾从皆愿受灌顶，士庶数千人咸登道场，弟子含光等亦受五部法[⑦]。别为功德使开府李元琮受法，并授金刚界大曼荼罗。是日道场地震，空曰："群心之至也。"

十五载，诏还京，住大兴善寺。至德初，銮驾在灵武凤翔，空常密奉表起居，肃宗亦密遣使者求秘密法。洎收京反正之日，事如所料。乾元中，帝请入内，建道场护摩法，为帝受转轮王位七宝灌顶。上元末，帝不豫，空以"大随求真言"被除，至七过，翼日乃瘳，帝愈加殊礼焉。空表请入山，李辅国宣敕令于终南山智炬寺修功德。念诵之夕，感大乐萨埵舒毫发光，以相证验，位邻悉地，空曰："众生未度，吾安自度耶？"

肃宗厌代⑧，代宗即位，恩渥弥厚。译《密严》
《仁王》二经毕，帝为序焉。颁行之日，庆云俄现，举
朝表贺。永泰元年十一月一日，制授特进试鸿胪卿，加
号大广智三藏。大历三年，于兴善寺立道场，敕赐锦绣
褥十二领、绣罗幡三十二首，又赐道场僧二七日斋粮，
敕近侍大臣、诸禁军使并入灌顶。四年冬，空奏天下食
堂中置文殊菩萨为上座，制许之。此盖憍憍陈如是小乘
教中始度故也。五年夏，有诏请空往五台山修功德，于
时彗星出焉。法事告终，星亦随没。秋，空至自五台，
帝以师子骢并御鞍辔遣中使出城迎入，赐沿道供帐。

六年十月二日帝诞节，进所译之经表云："爰自幼
年，承事先师三藏十有四载，禀受瑜伽法门。复游五印
度求所未授者，并诸经论，计五百余部。天宝五载却至
上都，上皇诏入内，立灌顶道场，所赍梵经尽许翻度。
肃宗于内立护摩及灌顶法。累奉二圣令鸠聚先代外国梵
文，或绦索脱落者修，未译者译。陛下恭遵遗旨，再使
翻传，利济群品。起于天宝迄今大历六年，凡一百二十
余卷，七十七部，并目录及笔受等僧俗名字，兼《略出
念诵仪轨》，写毕，遇诞节，谨具进上。"敕付中外，并
编入一切经目录中。李宪诚宣敕赐空锦彩绢八百匹，同
翻经十大德，各赐三十匹。沙门潜真表谢。僧俗弟子赐
物有差。

《中国佛学经典宝藏》目录

编号	书名	编号	书名	编号	书名
1	中阿含经	45	维摩诘经	89	法句经
2	长阿含经	46	药师经	90	本生经的起源及其开展
3	增一阿含经	47	佛堂讲话	91	人间巧喻
4	杂阿含经	48	信愿念佛	92	大乘本生心地观经
5	金刚经	49	精讲佛七开示录	93	南海寄归内法传
6	般若心经	50	往生有分	94	入唐求法巡礼记
7	大智度论	51	法华经	95	大唐西域记
8	大乘玄论	52	金光明经	96	比丘尼传
9	十二门论	53	天台四教仪	97	弘明集
10	中论	54	金刚錍	98	出三藏记集
11	百论	55	教观纲宗	99	牟子理惑论
12	肇论	56	摩诃止观	100	佛国记
13	辩中边论	57	法华思想	101	宋高僧传
14	空的哲理	58	华严经	102	唐高僧传
15	金刚经讲话	59	圆觉经	103	梁高僧传
16	人天眼目	60	华严五教章	104	异部宗轮论
17	大慧普觉禅师语录	61	华严金师子章	105	广弘明集
18	六祖坛经	62	华严原人论	106	辅教编
19	天童正觉禅师语录	63	华严学	107	释迦牟尼佛传
20	正法眼藏	64	华严经讲话	108	中国佛教名山胜地寺志
21	永嘉证道歌·信心铭	65	解深密经	109	敕修百丈清规
22	祖堂集	66	楞伽经	110	洛阳伽蓝记
23	神会语录	67	胜鬘经	111	佛教新出碑志集萃
24	指月录	68	十地经论	112	佛教文学对中国小说的影响
25	从容录	69	大乘起信论	113	佛遗教三经
26	禅宗无门关	70	成唯识论	114	大般涅槃经
27	景德传灯录	71	唯识四论	115	地藏本愿经外二部
28	碧岩录	72	佛性论	116	安般守意经
29	缁门警训	73	瑜伽师地论	117	那先比丘经
30	禅林宝训	74	摄大乘论	118	大毗婆沙论
31	禅林象器笺	75	唯识史观及其哲学	119	大乘大义章
32	禅门师资承袭图	76	唯识三颂讲记	120	因明入正理论
33	禅源诸诠集都序	77	大日经	121	宗镜录
34	临济录	78	楞严经	122	法苑珠林
35	来果禅师语录	79	金刚顶经	123	经律异相
36	中国佛学特质在禅	80	大佛顶首楞严经	124	解脱道论
37	星云禅话	81	成实论	125	杂阿毗昙心论
38	禅话与净话	82	俱舍要义	126	弘一大师文集选要
39	释禅波罗蜜次第法门	83	佛说梵网经	127	《沧海文集》选集
40	般舟三昧经	84	四分律	128	《劝发菩提心文》讲话
41	净土三经	85	戒律学纲要	129	佛经概说
42	佛说弥勒上生下生经	86	优婆塞戒经	130	佛教的女性观
43	安乐集	87	六度集经	131	涅槃思想研究
44	万善同归集	88	百喻经	132	佛学与科学论文集

手机淘宝
扫一扫

深入经藏，智慧如海。

本套佛学经典适合系统的修习、诵读和佛堂珍藏。

咨询电话：尤冲 010-8592 4661

| 1 中阿含经 | 3 增一阿含经 | 4 杂阿含经 | 5 金 | 111 佛教新出土碑集 | 18 六祖坛经 | 28 碧岩录 | 53 天台四教仪 | 32 禅门师资承袭图 | 54 金刚錍 | 63 华严学 | 55 教观纲宗 | 56 摩诃止观 | 44 万善同归集 | 65 解深密经 |

《中国佛学经典宝藏》

华人佛学界顶级专家团队编撰。大陆首次引进简体中文版。
读得懂，买得起，藏得下的"白话精华大藏经"。

《中国佛学经典宝藏》白话版系列丛书，共计132册，由星云大师总监修，大陆、台湾百余专家学者通力编撰而成。

丛书依大乘、小乘、禅、净、密等性质编号排序，将古来经律论中之经典著作，依据思想性、启发性、教育性、人间性的原则，做了取其精华、舍其艰涩的系统整理。每种经典都按原文、注释、译文等体例编排，语言力求通俗易懂、言简意赅，让佛学名著真正做到雅俗共赏；还以题解、源流、解说等章节，阐述经文的时代背景、影响价值及在佛教历史和思想演变上的地位角色。丛书还开创性地收录了一些有代表性的现代读本。

星云大师
总监修
"人间佛教"的践行本

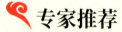 **专家推荐**

星云大师常常说，佛学不是少数人的专利，它应该是每一个人都能够接触的。这套书推动了白话佛学经典的完成。

——依空法师

佛光山长老，文学博士，印度哲学博士

星云大师对编修《中国佛学经典宝藏》非常重视，对经典进行注、译，包括版本源流梳理，这对一般人去看经典、理解经典的思想，是有帮助的。

——赖永海

南京大学教授，旭日佛学研究中心主任

《中国佛学经典宝藏》精选了很多篇目，是能够把佛法的精要，比较全面地给予介绍。

——王志远

中国社会科学院研究生院导师，中国宗教协会副会长

传统大藏经 VS 中国佛学经典宝藏

第一回合	卷帙浩繁	VS	精华集萃
	普通人阅读没头绪、没精力、看不懂。		星云大师亲选132种书目，提纲挈领，方便读经。
第二回合	古文艰涩繁体竖排	VS	白话精译简体横排
	佛经文辞晦涩，多用繁体竖排版；读经门槛高。		经典原文搭配白话精译，既可直通经文，又可研习原典。
第三回合	经义玄奥难尝法味	VS	专家注解普利十方
	微言大义，法义幽微，没有明师指引难理解。		华人佛学界顶级专家精注精解，一通百通。

又以京师春夏不雨，诏空祈请，如三日内雨，是和尚法力；三日已往而需然者，非法力也。空受敕立坛，至第二日大雨云足。帝赐紫罗衣并杂彩百匹，弟子衣七副，设千僧斋，以报功也。空进表请造文殊阁，敕允奏。贵妃、韩王、华阳公主同成之，舍内库钱约三千万计。复翻《孽路茶王经》，宣赐相继，旁午道路。

至九年，自春抵夏，宣扬妙法，诚勖门人。每语及《普贤愿行》《出生无边法门经》，劝令诵持，再三叹息。其先受法者，偏令属意观菩提心本尊大印，直诠阿字了法不生证大觉身，若指诸掌，重重属累。一夜，命弟子赵迁："持笔砚来，吾略出《涅槃茶毗仪轨》，以贻后代，使准此送终。"迁稽首三请："幸乞慈悲久住，不然，众生何所依乎？"空笑而已。俄而示疾，上表告辞。敕使劳问，赐医药，加开府仪同三司，封肃国公，食邑三千户，固让不俞，空甚不悦，且曰："圣众俨如舒手相慰，白月圆满，吾当逝矣。奈何临终更窃名位？"乃以五股金刚铃杵先师所传者，并银盘子、菩提子、水精数珠留别，附中使李宪诚进。六月十五日，香水澡沐，东首倚卧，北面瞻望阙庭，以大印身定中而寂，享年七十，僧腊五十。

弟子慧朗次绍灌顶之位。余知法者数人。帝闻，辍视朝三日，赐绢布杂物，钱四十万，造塔钱二百余万。

敕功德使李元琮知护丧事。空未终前，诸僧梦千仞宝台摧，文殊新阁颓，金刚杵飞上天。又兴善寺后池无故而涸，林竹生实，庭花变萎。七月六日荼毗，帝诏高品刘仙鹤就寺置祭，赠司空，谥曰大辩广正智三藏。火灭，收舍利数百粒，八十粒进内。其顶骨不然，中有舍利一颗，半隐半现，敕于本院别起塔焉。……

注释

① **五天**：五天竺，古印度全境分为东、西、南、北、中五区，故名。

② **师子国**：今之斯里兰卡。

③ **昆仑舶**："昆仑"乃南海诸岛之总称，此指昆仑国之船只。

④ **诃陵**：又作"波陵"，唐代南海中之阇婆岛，今之爪哇岛。

⑤ **阿阇梨**：又作"阿舍梨""阿只利"，意译为教授师、导师、轨范师等。

⑥ **踢跌**：顿时跪伏于地。

⑦ **五部法**：又作"五部尊法"，密教之五种修持方法：（一）息灾法，（二）增益法，（三）降伏法，（四）爱敬法，（五）钩召法。

⑧ **厌代**：指帝王去世。

译文

释不空，梵名阿目佉跋折罗，汉地称为不空金刚。本北印度婆罗门种族，幼年父母俱亡，随叔父来到东土。十五岁时，师事金刚智三藏。金刚智授予他梵本《悉昙章》及《声明论》，没有多久时间，他就都通晓悟解了。金刚智大感诧异，与之授菩萨戒，把他引入金刚界大曼陀罗，用掷花等试验之，知他非平凡之辈，日后必大兴佛法。自从受具足戒后，善于理解一切有部的学说，能懂异国书语，因此金刚智在翻译佛典时，常令他一起翻译。其学《声明论》，没有多长时间就通晓了。读诵《文殊普贤行愿》，也很快就掌握了。其聪颖敏利，皆类此。他欲求学新瑜伽、五部、三密法，连续钻研三年，都无须金刚智点拨、教示。后来，他准备回去印度，其师梦见京城诸佛菩萨像皆东行，乃知其乃真法器矣，遂同意了他的要求，并授予五部灌顶、护摩、阿阇梨法及《毗卢遮那经》、苏悉地轨则等。后来，金刚智往洛阳，不空随侍，直至开元二十年（公元七三二年）其入寂。料理好师父之丧事后，不空又奉遗旨，前往师子国（即今斯里兰卡）及印度。

刚到南海郡时，采访使刘巨邻请求灌顶，遂于法性寺相继度众成千上万。不空自对本尊祈请十几天，终于感得文殊现身。到了快登船出发时，采访使召集番禺境内之蕃客大首领伊习宾等，对他们说："现在不空三藏要到斯里兰卡去了，一定要嘱咐船主，将三藏及其弟子含光、慧䛒等三十七人及国信安全送到彼地，千万不能有丝毫闪失。"

开元二十九年十二月，随昆仑国（南海诸岛之总称）的船只，离开了南海郡，开往诃陵国（今爪哇岛）。路上遇大风，船上众商人十分恐惧，各各以本国之法术禳灾祈求平安，但皆无灵验。只好拜求于不空，慧䛒等亦失声大哭。不空对大家说："我有法术，你等自无须担忧。"遂以右手执五股菩提心杵，左手持《般若佛母经》夹，随之作法，口诵"大随求"一遍，即时风平浪静。后来，又遇到一条大鲸鱼，从口中所喷出之浪像山那么高，比前次所遇之大风浪更加危险。众商人见此情景，以为此次再没活命之希望了，只好默默听从命运之安排。不空三藏像前次那样作法念咒，令慧䛒诵《娑竭龙王经》，没过多久时间，众难俱息。

到达斯里兰卡后，国王派使者来迎接他们。将入城时，有许多步骑侍卫，站立于街道两旁，国王见到不空后，行礼足之仪，并请他住于宫中，七日供养。每一天都以黄金斛盛满香水，国王亲自替不空洗浴。随后，太子、嫔妃、诸大臣等，都像国王那样侍候不空。不空见到普贤阿阇梨后，遂奉献金宝锦绣之类的礼品，请开十八会金刚顶瑜伽法门、毗卢遮那大悲胎藏建立坛法，并准许含光、慧䛒等同受五部灌顶。自此之后，不空学无常师，广求密藏及诸经论五百余部，并剖析其性相，探寻其意旨，穷究其底蕴。有一天，国王作调象戏，非常危险，大家都登高而望，无人敢近前。其时不空三藏口诵真言，手结印契，入于禅定，只见那些大象顿时跪伏于地，变得十分温驯，国人都极感惊奇。后来，他游化于印度本土，屡现灵瑞。

至天宝五年（公元七四六年），不空回到唐之京城长安，向皇上献上了师子国之尸罗迷伽表及金宝璎珞、般若梵夹、杂珠、白氎等珍贵礼物，奉敕暂时住于鸿胪。过了不久，就奉诏入宫内立坛，为皇帝灌顶。后来又移住于净影寺。那一年盛夏大旱，皇上敕令祈雨，并说："时间不能拖得太长，而且雨也不能一下子下得太大。"不空上奏请求建立孔雀王坛，不到三天时间，就普降喜雨。皇帝龙颜大悦，亲自持宝箱赐予不空以紫袈裟一副，并亲自为他披挂，又赐绢二百匹。有一天，忽然刮起大风，皇上又下敕令不空行法止风。不空遂用银瓶一只，作法加持，没片刻工夫，风就停了下来。不料，有一只鹅把作法之瓶碰倒了，顿时又狂风大作，比原来更加厉害。皇上又敕令再作法止住大风，不空随即再作法，大风又立即停止了。皇帝遂赐予他"智藏"之称号。

天宝八年，准许返回本国，不空一行乘五匹马，到南海郡，皇上又下敕追到，让他继续留住。天宝十二年，应节度使哥舒翰之请，敕令他往河西一带。天宝十三年，到了武威住于开元寺，节度使等皆愿意从他受灌顶，数千士庶也咸登道场，弟子含光等亦从他受五部尊法。又为功德使开府李元琮授法，并传授金刚界大曼陀罗。是日道场发生地震，不空说："群心真诚之所致也。"

天宝十五年，下诏召他还京，住于大兴善寺。至德初年（公元七五六年），安禄山攻陷长安，肃宗到了灵武凤翔，不空仍与肃宗保持联系，肃宗亦暗派使者求教秘密之法。后来京城收复了，不空更受礼遇。乾元年间，皇帝诏不空入宫，建立道场护摩法，为皇上行转轮王位七宝灌顶。上元末（公元七六一年）皇帝身体不适，不空以"大随求真言"为之消灾祛病，过了七天，龙体康复，皇帝对他更加崇敬。后来，不空上奏请求入山修行，李辅国宣读皇帝敕令，让他于终南山智炬寺修功德。不空于念诵佛典真言时，感得大乐萨埵舒毫放光，并以相证验，果位已近悉地。不空曰："众生未度，我怎敢自度呢？"

唐肃宗去世之后，代宗即位，对不空礼遇有加。这一段时间，他译出了《密严》《仁王》诸经，代宗亲自为之作序。在向全国各地颁布此二经那一天，祥云顿现，举朝同庆。永泰元年（公元七六五年）十一月一日，制授特进试鸿胪卿，加号"大广智三藏"。大历三年（公元七六八年）于兴善寺立道场，敕赐锦绣褥十二领、绣罗幡三十二首，又赐道场之僧人许多斋粮，敕近侍大臣、诸禁军使等一同入受灌顶。大历四年冬，不空奏请于天下所有食堂内置文殊菩萨为上座，皇上一敕准奏。此举盖不满意于憍陈如乃小乘中之最初受度者。大历五年夏，有诏请不空往五台山修功德，其时出现了彗星。法事做完之后，彗星亦随之消失。那一年秋天，不空从五台山回来，皇帝遣中使以狮子骢及御鞍辔出城迎接他，并赐沿道供帐。

　　大历六年十月二日是皇帝诞辰，不空进呈所译之经表云："我自幼年出家，师事金刚智法师十有四载，禀受瑜伽法门。后又游访五印度求取所未授之法并诸经论，计五百余部。天宝五年来到长安，先皇诏入内宫，立灌顶道场，所带来之经论尽许翻译。肃宗于内宫立护摩及灌顶法。奉两代皇帝之令，搜集外国梵文，遇有缺漏脱落者则给予补齐，凡未翻译者则进行翻译。陛下恭遵遗旨，又下敕令我等继续进行传译，以利济群品。自天宝年间至大历六年，所译经典凡一百二十余卷，七十七部，连带目录及担任笔受诸僧俗之名字，兼所出之《略出念诵仪轨》等，一并写上，值此皇上诞辰佳节，悉具奉上。"皇上下敕诏示天下，并把它编入一切经目录中。李宪诚宣敕赐不空锦绢八百匹，与不空一起翻译经典之诸大德，各赐三十匹。沙门潜真上表致谢。僧俗弟子所赐略有差别。

后来，京城又遇大旱，皇上又下诏请不空祈雨，并说："如果在三日内下雨，则是法师术之力；如果是三天之后才下雨，则非法术之力也。"不空受敕立坛，至第二天便下起大雨，皇帝赐紫罗衣并杂彩百匹，弟子衣七副，设千僧斋，以报答法师之功德。后来，不空进表请求建造文殊阁，皇上准奏，下敕朝廷从内库拿出约三千万钱，贵妃、韩王、华阳公主等也一起出钱出力，共襄盛举。不空后来又译出《孽路荼王经》，朝廷又制颁天下，赏赐连连不断。

到大历九年，不空自春至夏，弘法不辍，谆谆教诫门人，精进修行。常语及《普贤愿行》《出生无边法门经》，并劝众弟子读诵修持。那些较早入门之弟子，不空常劝他们留意菩提心本尊大印，直诠阿字了法不生证大觉身，嘱咐再三。有一天夜里，命弟子赵迁道："持笔砚来，我略出《涅槃荼毗仪轨》，以传诸后代，并以此为我送终。"赵迁稽首再三："恳求法师慈悲久住，不然，众生何所依托？"不空笑而不答。过了不久，就染患示疾，遂上表告辞。皇上下敕慰问，亲赐医药，并敕赠"司空"，封"肃国公"，食邑三千户，不空固辞无效，甚是不悦，曰："出家之人但求功德圆满，我今当逝，何以临终时更窃名位？"乃留下先师所传之五股金刚铃杵及银盘子、菩提子、水精数珠等作为告别，请中使李宪诚代以进奉。是年六月十五日，用香水沐浴，东首倚卧，北面瞻望宫廷，以大印身定中而寂，世寿七十，僧腊五十。

不空入寂之后，弟子慧朗继其法位，此外，其知名弟子还有含光、惠果、元皎、觉超等。不空之入灭，使代宗深感悲痛，他停止上朝三天，赐了许多绢布杂物并钱四十万，另赐造塔钱二百余万。敕功德使李元琮监理丧事。不空临终时，诸僧梦见千仞宝台摧陷，文殊阁倒塌，金刚杵飞上天。又，兴善寺后池无缘无故而干涸，竹中生出果实，庭中之花凋谢。七月六日火化，皇帝下敕高品刘仙鹤就寺置祭，赠予"司空"之位，谥号"大辩广正智三藏"。火灭之后，收得舍利数百粒，以其中之八十粒收藏于宫中。其头顶骨火化时不燃烧，中有舍利一粒，半隐半现，皇上下敕于本院起塔立碑。……

唐洛京圣善寺善无畏

释善无畏，本中印度人也，释迦如来季父甘露饭王之后，梵名戍婆揭罗僧诃，华言净师子，义翻为善无畏；一云输波迦罗，此名无畏，亦义翻也。其先自中天竺，因国难分王乌荼①。父曰佛手王，以畏生有神姿，宿赍德艺，故历试焉。十岁统戎，十三嗣位，得军民之情。昆弟嫉能，称兵构乱，阋墙②斯甚。薄伐临戎，流矢及身，掉轮伤顶。天伦既败，军法宜诛，大义灭亲，忍而曲赦。乃抆泪白母，及告群臣曰："向者亲征，恩已断矣；今欲让国，全其义焉。"因致位于兄，固求入道。母哀许之，密与传国宝珠，犹诸侯之分器也。

南至海滨，遇殊胜招提，得法华三昧。聚沙为塔，仅一万所，黑蛇伤指而无退息。复寄身商船，往游诸国，密修禅诵，口放白光。无风三日，舟行万里。属商人遇盗，危于并命。畏恤其徒侣，默讽真言，七俱胝尊全现身相，群盗果为他寇所歼。寇乃露罪归依，指踪夷险。寻越穷荒，又逾毒水，才至中天竺境，即遇其王。王之夫人，乃畏之女兄也，因问舍位之由，称叹不足。是日携手同归，慈云布阴，一境丕变。

畏风仪爽俊，聪睿超群，解究五乘，道该三学，总持禅观，妙达其源，艺术伎能，悉闻精练。初诣那烂陀寺。此云施无厌也，像法之泉源、众圣之会府。畏乃舍传国宝珠莹于大像之额，昼如月魄，夜若曦轮焉。寺有达摩掬多者，掌定门之秘钥，佩如来之密印，颜如四十许，其实八百岁也。玄奘三藏昔曾见之。畏投身接足，奉为本师。一日侍食之次，旁有一僧，震旦人也，畏视其钵中见油饵尚温，粟饭犹暖，愕而叹曰："东国去此十万余里，是彼朝熟而返也？"掬多曰："汝能不言，真可学焉。"后乃授畏总持瑜伽三密教也，龙神围绕，森在目前，其诸印契，一时顿受。即日灌顶，为人天师，称曰三藏。

夫三藏之义者，则内为戒、定、慧，外为经、律、论，以陀罗尼总摄之也。陀罗尼者，是菩提速疾之轮，解脱吉祥之海，三世诸佛生于此门，慧照所传，一灯而已。根殊性异，灯亦无边。由是有百亿释迦、微尘三昧菩萨以纲总摄于诸定，顿升阶位，邻于大觉，此其旨也。

于时，畏周行大荒，遍礼圣迹，不惮艰险。凡所履处，皆三返焉。又入鸡足山，为迦叶剃头，受观音摩顶。尝结夏于灵鹫，有猛兽前导，深入山穴。穴明如昼，见牟尼像，左右侍者如生焉。

时中印度大旱，请畏求雨。俄见观音在日轮中，手执军持注水于地。时众欣感，得未曾有。复锻金如贝叶，写《大般若经》；镕中金为窣睹波③，等佛身量焉。母以畏游方日久，谓为已殁，旦夕泣泪而丧其明，洎附信问安，朗然如故。

五天之境，自佛灭后，外道峥嵘九十六宗，各专其见。畏皆随所执破滞析疑，解邪缚于心门，舍迷津于觉路。法云大小而均泽，定水方圆而任器，仆异学之旗鼓，建心王之胜幢，使彼以念制狂，即身观佛。掬多曰："善男子，汝与震旦有缘，今可行矣。"畏乃顶辞而去。

至迦湿弥罗④国。薄暮，次河而无桥梁，畏浮空以济。一日，受请于长者家，俄有罗汉降曰："我小乘之人，大德是登地菩萨。"乃让席推尊，畏施之以名衣，升空而去。畏复至乌苌国⑤，有白鼠驯绕，日献金钱。讲《毗卢》于突厥之庭，安禅定于可敦之树，法为金字，列在空中。时突厥宫人以手按乳，乳为三道飞注畏口，畏乃合掌端容，曰："我前生之母也。"

又途中遭寇，举刃三斫而肢体无伤，挥剑者唯闻铜声而已。前登雪山大池，畏不愈，掬多自空而至，曰："菩萨身同世间，不舍生死，汝久离相，宁有病耶？"言讫冲天，畏洗然而愈。

路出吐蕃，与商旅同次，胡人贪货，率众合围。畏密运心印，而蕃豪请罪。至大唐西境，夜有神人曰："此东非弟子界也，文殊师利实护神州。"礼足而灭，此亦犹迦毗罗神送连眉也。畏以驼负经，至西州，涉于河，龙陷驼足，没于泉下，畏亦入泉。三日止住龙宫，宣扬法化，开悟甚众。及牵驼出岸，经无沾湿焉。

初，畏途过北印度境，而声誉已达中国，睿宗乃诏若那及将军史献出玉门塞表以候来仪。开元初，玄宗梦与真僧相见，姿状非常，躬御丹青，写之殿壁。及畏至此，与梦合符，帝悦有缘，饰内道场，尊为教主，自宁、薛王已降，皆跪席捧器焉。宾大士于天宫，接梵筵于帝座，礼国师以广成之道，致人主于如来之乘，巍巍法门，于斯为盛。时有术士握鬼神之契，参变化之功，承诏御前，角其神异。畏恬然不动，而术者手足无所施矣。

开元四年丙辰，赍梵夹始届长安，敕于兴福寺南院安置，续宣住西明寺，问劳重叠，锡贶异常。至五年丁巳，奉诏于菩提院翻译。畏奏请名僧同参华梵。开题先译《虚空藏求闻持法》一卷，沙门悉达译语，无著笔受缀文，缮写进内。帝深加赏叹，有敕畏所将到梵本并令进上。昔有沙门无行西游天竺，学毕言归，方及北印，不幸而卒。其所获夹叶悉在京都华严寺中。畏与一行禅师于彼选得数本，并总持妙门，先所未译。

十二年，随驾入洛，复奉诏于福先寺译《大毗卢遮那经》⑥。其经具足梵文有十万颂，畏所出者，撮其要耳，曰《大毗卢遮那成佛神变加持经》七卷，沙门宝月译语，一行笔受，删缀辞理，文质相半，妙谐深趣，上符佛意，下契根缘，利益要门，斯文为最。又出《苏婆呼童子经》三卷、《苏悉地揭罗经》三卷，二经具足咒毗奈耶也，即秘密禁戒焉。若未曾入曼荼罗者，不合辄读诵，犹未受具人盗听戒律也。所出《虚空藏菩萨能满诸愿最胜心陀罗尼求闻持法》一卷，即《金刚顶梵本经·成就一切义》图略译少分耳。

畏性爱恬简，静虑怡神，时开禅观，奖劝初学。奉仪形者莲华敷于眼界，禀言说者甘露润于心田，超然觉明，日有人矣。法侣请谒，唯尊奉长老宝思惟三藏而已，此外皆行门人之礼焉。一行禅师者，帝王宗重，时贤所归，定慧之余，阴阳之妙，有所未决，亦咨禀而后行。

畏尝于本院铸铜为塔，手成模范，妙出人天。寺众以销冶至广，庭除深隘，虑风至火盛，灾延宝坊。畏笑曰："无苦，自当知也。"鼓铸之日，果大雪蔽空，灵塔出炉，瑞花飘席，众皆称叹焉。

又属暑天亢旱，帝遣中官高力士疾召畏祈雨。畏曰："今旱，数当然也，若苦召龙致雨，必暴，适足所损，不可为也。"帝强之曰："人苦暑病矣，虽风雷亦足快意。"辞不获已，有司为陈请雨具，幡幢螺钹备焉，畏笑曰："斯不足以致雨。"急撤之。乃盛一钵水，以小刀搅之，梵言数百咒之，须臾有物如龙，其大如指，赤色矫首，瞰水面，复潜于钵底。畏且搅且咒，顷之，有白气自钵而兴，径上数尺，稍稍引去。畏谓力士曰："亟去，雨至矣。"力士驰去，回顾见白气疾旋，自讲堂而西，若一匹素翻空而上。既而昏霾，大风震电，力士才及天津桥，风雨随马而骤，街中大树多拔焉。力士入奏而衣尽沾湿矣。帝稽首迎畏，再三致谢。

又邙山有巨蛇，畏见之，叹曰："欲决潴洛阳城耶？"以天竺语咒数百声，不日蛇死。乃安禄山陷洛阳之兆也。

一说畏曾寓西明道宣律师房，示为粗相，宣颇嫌鄙之。至中夜，宣扪虱投于地，畏连呼"律师扑死佛子"。宣方知是大菩萨，诘旦摄衣作礼焉。若观此说，宣灭至开元中仅五十载矣，如畏出没无常，非人之所测也。

二十年，求还西域，优诏不许。二十三年乙亥十月七日，右胁累足，奄然而化，享龄九十九，僧腊八十。法侣凄凉，皇心震悼，赠鸿胪卿。遣鸿胪丞李现具威仪，宾律师护丧事。二十八年十月三日，葬于龙门西山广化寺之庭焉。定慧所熏，全身不坏。会葬之日，涕泗倾都，山川变色，僧俗弟子宝畏禅师、明畏禅师、荥阳郑氏、琅邪王氏痛其安仰，如丧考妣焉。乾元之初，唐风再振，二禅师刻偈，诸信士营龛，弟子舍于旁，有同孔墓之恋。今观畏之遗形，渐加缩小，黑皮隐隐，骨其露焉。累朝旱涝，皆就祈请，征验随生，且多檀施。锦绣巾帊，覆之如偃息耳。每一出龛，置于低榻，香汁浴之。洛中豪右争施禅帊净巾澡豆，以资浴事。今上襄祷，多遣使臣往加供施，必称心愿焉。

注释

① **乌荼**：又作"乌爹""乌里舍"等，今印度奥里萨。

② **阅墙**：指兄弟相争于内。

③ **窣睹波**：又作"窣睹婆""浮屠"等，即塔。

④ **迦湿弥罗**：又作"羯湿弥罗""伽叶弥罗""迦湿密罗"等，今克什米尔地区。

⑤ **乌苌国**：又作"乌伏国""乌缠国"等，今印度河上游及斯瓦特地区。

⑥ 又有一说，《大毗卢遮那成佛神变加持经》乃善无畏、一行于开元十三年合译。

译文

释善无畏，本中印度人，释迦牟尼佛之季父甘露饭王之后裔，梵名戍婆揭罗僧诃，汉地称净师子，意译为善无畏；又称输波迦罗，汉语称为无畏，亦是意译。其祖先居于中印度，因国难分成许多小国，属乌荼国（今印度奥里萨）。其父叫佛手王，因善无畏出生时有神姿异相，身有宿世所植德艺，故常以诸事试之。十岁时让他统率军队，十三岁继位，得军民之情。其兄弟嫉忌其才能，起兵作乱，兄弟相争于内，他亲自率领军队征讨，临阵时被流矢所伤。动乱被平息之后，依军法其兄弟当斩，但他忍而赦之，流着眼泪对母亲及群臣说："前之亲征，恩已断矣；今欲让国，全其义焉。"遂让王位于兄，自己则希望入道修行。因他决心已定，母亲只好同意他的要求，又暗地把传国宝珠给了他，犹如诸国之分器也。

他离开王宫后，往南到了海滨，遇一殊胜寺院，得法华三昧。他于海边聚沙为塔，近一万所，黑蛇伤其指头而不顾。后来，就随商船往游诸国，密修禅诵，口放白光。有一次商船遇到强盗，一船人都危在旦夕。善无畏哀怜众徒弟及诸同伴，遂默默念诵真言，于时，七俱胝尊现相，群盗最后为其他的寇贼所歼，遂化险为夷。后又穿越荒滩、毒水，才到了中印度境内，并见到该国国王。此国王后，乃善无畏之姐姐，就向善无畏问起放弃王位之事，善无畏如实叙说，王后一听，极表赞叹。

善无畏其人，风神俊逸，聪颖超群，精通五乘，道该三学，总持禅观，妙达其源，艺术技能，无不精练。

起初，他去了那烂陀寺。此寺名意译为施无厌，乃佛法之重镇、众圣之所会。善无畏乃把母亲送给他的传国宝珠镶于大像之额上，白天如月，夜里如日。寺中有一达摩掬多法师，最精定学，表面上看只有四十多岁，实际上已是八百多岁了。玄奘西游时曾见到他。善无畏遂拜他为师。有一次，善无畏侍食时，见旁有一中国僧人，视其钵中之食物余温尚存，达摩掬多法师说："中国白马寺新建成一阁殿，我刚受过供养回来。"众僧一听，都大为赞叹，只有善无畏默默无语，达摩掬多便对善无畏说："你能无言，真可学也。"后把总持瑜伽三密教及诸印契都授予善无畏，并为其灌顶，为人天师，称三藏法师。

夫三藏之义者，则内为戒、定、慧，外为经、律、论，以陀罗尼总持之。陀罗尼者，是菩提速疾之轮，解脱吉祥之海，三世诸佛均生于此门，慧照所传，一灯而已。根殊性异，灯也无边。因此而有百亿释迦、微尘三昧菩萨以纲总摄于诸定，顿升阶位，近于佛果。

那一个时期，善无畏不辞艰辛，巡礼圣迹，周行诸国，游访参学。又入鸡足山，为迦叶剃头，受观音摩顶。他曾于灵鹫山结夏安居，其时有猛兽在前面作引导，深入山穴。穴中明亮如同白昼，所见之释迦牟尼佛像及左右侍者，栩栩如生。

当时中印度大旱，大家请善无畏祈雨。当善无畏在做祈雨法事时，只见观世音菩萨出现于日轮中，手持净瓶，向地上注水，一时间，万众欢腾，场面甚是壮观。他又曾把金锻炼成贝叶形状，写《大般若经》；又熔金铸塔，与佛身一样高。因善无畏在外游化甚久，其母以为他已经过世，因而悲伤痛哭，以致失明，等到善无畏捎信回去问安，方知他还活着，眼疾等也随之痊愈。

在当时之印度，自释迦灭后，外道盛行一时，多达九十六宗，各各逞其邪见。善无畏遂一一加以破析，引导众生舍迷津，上正道。不论贫富贵贱，都普施教化，使释迦一代教法，又重放光芒。有一天，其师达摩掬多对他说："善男子，你与汉地有缘，现在可以到那里去了。"善无畏遵从师旨，便动身到中土来。

一开始，先到迦湿弥罗国（今克什米尔地区）。有一天傍晚，有一条大河挡住他前进的道路，河上又无桥梁，善无畏便浮空过了河。又有一天，善无畏受请于一长者家里，忽然有一罗汉从天而降，对他说："我乃小乘之人，大德是登地菩萨。"乃推樽让席，善无畏施之以名衣，罗汉便升空而去了。到了乌苌国（今印度河上游及斯瓦特地区），有白鼠温驯地环绕其左右，日献金钱。他到突厥后，便开讲《毗卢》，又于树下坐禅。当时突厥国之宫女，以手按乳，顿时有三道乳汁直注善无畏之口，善无畏合掌端容，赞叹道："实乃我前生之母也。"

在游化路上，善无畏曾遇到寇贼，举刀三次砍杀他而分毫无伤，那些舞刀弄剑者在往善无畏身上砍时，只听到铜声而已。再往前走，便到了雪山。善无畏身体染疾，其时，其师达摩掬多自天而降，对他说："菩萨身同世间，不舍生死，你早已离相，又何疾之有？"说完后，又升空而去了。此后，善无畏的病竟然痊愈了。

路过吐蕃时，与商人同行，那些商人贪求财货，一起围攻他。他密运心印，那些商人不敌，纷纷请罪求饶。到大唐西部，夜里有神人对他说："自此以东，非弟子界，乃文殊师利菩萨所护卫之神州。"说后礼足而去。善无畏以骆驼驮着经典，至西州过河时，骆驼陷入水中，善无畏也跟着没入水中，直至龙宫，并于龙宫住了三天，宣扬佛法，开悟甚众。后又牵骆驼上岸，所带经典，均无受潮。

起初，善无畏途经北印度时，其声誉已传至中国，唐睿宗乃下诏，派西僧若那及将军史献出玉门关迎接。开元初（开元元年为公元七一三年），唐玄宗曾梦见一梵僧，相貌非常，就亲自把梦中所见梵僧之形象画在殿壁之上。当善无畏到中国后，一看，与所画梵僧非常相似，龙颜大悦，赞叹有缘，遂重新装饰道场，尊之为教主，自宁王、薛王以下，皆跪席捧器，并于宫内大宴宾客群臣，礼之以国师，佛门之盛，莫过于此。当时有术士握鬼神之契，参变化之功，承诏来到宫内，与善无畏比试神力。其时，善无畏恬然不动，而术士已手足无措。

开元四年，善无畏带着梵夹刚到长安时，敕于兴福寺南院安置，后移住西明寺，问劳再三，赏赐甚厚。至开元五年奉诏于菩提院翻译经典。善无畏请名僧同参梵汉之对译等。先译《虚空藏求闻持法》一卷，沙门悉达任译语，无著担任笔受缀文，缮写进呈皇上。皇上深为赞赏，下敕把善无畏所带之梵本尽数呈上。过去有沙门无行西游印度时，参学游化后准备回国，刚到北印度时，不幸而卒。其所带之梵夹贝叶经典等都在京城之华严寺中。善无畏与一行禅师在其中选得数本，有一总持妙门，以前从未曾译过。

开元十二年，随皇上到了洛阳，又奉诏于福先寺译《大毗卢遮那经》。该经梵文有十万颂，善无畏所译出者，只是摄取其精要部分，曰《大毗卢遮那成佛神变加持经》，共七卷，沙门宝月任译语，一行担任笔受，删缀辞理，文质兼半，妙谐深趣，上符佛意，下契根机，利益要门，斯文为最。后又译出《苏婆呼童子经》三卷、《苏悉地揭罗经》三卷，二经具足毗奈耶，即秘密禁戒。若未曾入曼陀罗者，不适宜于读诵，犹如尚未受戒之人而偷听戒律也。其所译出之《虚空藏菩萨能满诸愿最胜心陀罗尼求闻持法》一卷，即《金刚顶梵本经·成就一切义》图略译了一部分。

善无畏性爱恬简，静虑怡神，时开禅观，奖励初学。奉仪形者莲花开于眼前，禀言教者甘露润于心田，超然觉明，时有人矣。法侣请求拜谒，唯尊奉长老宝思惟三藏，其余的皆行门人之礼。一行禅师，乃一代高僧，深为帝王所敬重，时贤所推崇，定慧之余，阴阳之妙，如有所未决者，也经常向他咨询、请益。

善无畏曾于本院铸铜为塔，技艺精湛，妙出人天。寺众担心熔锻烧铸时，因庭院太小，遇有风吹，很容易发生火灾。善无畏笑着说："此事自无须担忧。"到熔铸那一天，忽然下起大雪，当灵塔出炉时，雪花纷纷扬扬，众人无不叹为奇妙。

又有一年夏天，久旱无雨，皇帝派高力士速召善无畏前去祈雨。善无畏曰："这次大旱，乃运数当然，若苦召龙降雨，必然暴至，反而不好，很是不宜。"皇帝不听劝告，硬是要他祈雨，并说："眼下大家被盛夏久旱折腾得够苦的了，即使来一场狂风暴雨，也是件乐事。"有关官员随之为他准备了祈雨之道具等，善无畏看后笑道："这样祈不来雨。"众人赶快把这些道具撤了。善无畏就盛了一杯水，用小刀搅之，用梵语念咒数百言，片刻工夫，只见有物如龙，大小如手指，呈赤色，到水面吃了一会儿水，又潜到钵底。善无畏一边搅动钵中之水，一边念诵咒语，此时，只见有白气从钵底升起，直上数尺后，慢慢飘走了。善无畏就对高力士说："快去，大雨下来了。"高力士赶快往皇宫跑去。当他回头看刚才那股白气时，此时已如一匹白马，腾空而上。随后，浓云密布，雷电大作，高力士刚跑到天津桥时，大雨就倾盆而下，街中大树不少被大风刮倒了。高力士进宫时，身上的衣裳都被淋湿了。皇帝十分高兴，稽首迎接善无畏，向他致谢再三。

又，邙山曾出现一条巨蛇，善无畏见后，叹道："欲作难于洛阳城吗？"尔后，念天竺咒语数百声，过了几天，大蛇就死去了。此乃安禄山谋反作乱之象征也。

又说善无畏曾寓居于西明寺道宣律师房间里，现粗相，道宣颇嫌鄙之。到了夜半时分，道宣捉虱子投于地，善无畏连呼："律师扑杀佛子也。"道宣方知是大菩萨，到第二天早上，乃摄衣致礼。若照此说，道宣入灭至开元中已五十多年了，善无畏之出没无常，实凡人之所莫测矣。

开元二十年，善无畏要求返回西域，皇上个同意。二十三年十月七日，右胁累足，奄然而化，世寿九十九，僧腊八十。佛界哀恸，皇心震悼，赠鸿胪卿。朝廷派鸿胪丞李现、宾律师等料理丧事。开元二十八年十月三日，葬于河南龙门西山广化寺之庭。由其定慧之力所熏，死后全身不坏。会葬之日，都城哀号四起，山川为之震动变色，僧俗弟子宝畏禅师、明畏禅师、荥阳郑氏、琅邪王氏等，曾亲蒙教化，颇多利益，更是如丧考妣。……

唐洛京大遍空寺实叉难陀

原典

释实叉难陀，一云施乞叉难陀，华言学喜，葱岭北于遁①人也。智度恢旷，风格不群，善大小乘，旁通异学。

天后明扬佛日，崇重大乘，以《华严》旧经，处会未备，远闻于阗有斯梵本，发使求访，并请译人。又与经夹同臻帝阙，以证圣元年乙未于东都大内大遍空寺翻译。天后亲临法座，焕发序文，自运仙毫，首题名品。南印度沙门菩提流志、沙门义净同宣梵本，后付沙门复礼、法藏等于佛授记寺译成八十卷。圣历二年功毕。至久视庚子，驾幸颍川三阳宫，诏叉译《大乘入楞伽经》，天后复制序焉。又于京师清禅寺及东都佛授记寺译《文殊授记》等经，前后总出一十九部，沙门波仑、玄轨等笔受，沙门复礼等缀文，沙门法宝、恒景等证义，太子中舍贾膺福监护。

长安四年，又以母氏衰老，思归慰觐，表书再上，方俞，敕御史霍嗣光送至于阗。暨和帝龙兴，有敕再征。景龙二年，达于京辇②，帝屈万乘之尊，亲迎于开远门外。倾都缁侣，备幡幢导引。仍饰青象，令乘之入城，敕于大荐福寺安置。未遑翻译，遘疾弥留，以景云元年十月十二日，右胁累足而终，春秋五十九岁。有诏听依外国法葬。十一月十二日于开远门外古然灯台焚之，薪尽火灭，其舌犹存。十二月二十三日，门人悲智、敕使哥舒道元送其余骸及斯灵舌还归于阗，起塔供养。后人复于荼毗之所，起七层塔，土俗号为华严三藏塔焉。

注释

① 于遁：于阗，今新疆和田县。
② 京辇：古代皇帝所乘之车称辇，因称京城为京辇。

译文

释实叉难陀，又称施乞叉难陀，汉语称为学喜，葱岭北于遁（即于阗）人。智度恢宏，风格不群，善大小乘，旁通异学。

武后崇信佛法，推重大乘，以《华严》旧译不甚完备，远闻于阗有梵本，遂遣使求访，并寻请译人。实叉难陀带着经典来到京城，于证圣元年（公元六九五年）在洛阳大遍空寺翻译该经。武后亲临法席，并为之作序，亲题名品。南印度沙门菩提流志、义净二人，同宣梵本，后付沙门复礼、法藏等于佛授记寺译成八十卷。

圣历二年（公元六九九年）译毕。久视庚子年（公元七〇〇年），武后驾临颍川三阳宫，下诏请实叉难陀译《大乘入楞伽经》，武后又再亲自为之作序。又于京师清禅寺及洛阳佛授记寺译出《文殊授记》等经，共有十九部，沙门波仑、玄轨等任笔受，沙门复礼等任缀文，沙门法宝、恒景等担任证义，由太子中舍贾膺福监护。

长安四年（公元七〇四年），实叉难陀因母亲年事已高，欲回家探视，上书两次，终于准奏，敕御史霍嗣光送至于阗。唐中宗即位后，再次邀请他到长安来。景龙二年（公元七〇八年）再次来到长安，唐中宗屈万乘之尊，亲自到开远门外迎接他。整个京城的僧侣，都上街参加欢迎仪式。皇上下敕，让他骑着青象入城，止住于大荐福寺。此次再到长安，还未来得及进行翻译工作，就身染重疾，于景云元年（公元七一〇年）十月十二日，右胁累足而终，世寿五十九。皇上下诏，依外国仪式安葬。十一月十二日于开远门外古燃灯台火化，薪尽火灭，其舌尚存。十二月二十三日，门人悲智、敕使歌舒道元护送其遗骸及灵舌还归于阗，起塔供养。后人又于火化处起七层宝塔，号称"华严三藏塔"。

唐洛京长寿寺菩提流志

释菩提流志，南天竺国人也，净行婆罗门种，姓迦叶氏。年十二，就外道出家，事波罗奢罗，学声明、僧佉等论。历数、咒术、阴阳、谶纬，靡不该通。年逾耳顺①，方乃回心，知外法之乖违，悟释门之渊默，隐居山谷，积习头陀。初依耶舍瞿沙三藏学诸经论，其后游历五天，遍亲讲肆。高宗大帝闻其远誉，挹彼高风，永淳二年，遣使迎接。天后复加郑重，令住东洛福先寺，译《佛境界》《宝雨》《华严》等经，凡十一部。

中宗神龙二年，又住京兆崇福寺，译《大宝积经》。属孝和厌代，睿宗登极，敕于北苑白莲池、甘露亭续其译事。翻度云毕，御序冠诸。其经旧新凡四十九会，总一百二十卷。先天二年四月八日进内。此译场中，沙门思忠、天竺大首领伊舍罗等译梵文，天竺沙门波若屈多、沙门达摩证梵义，沙门履方、宗一、慧觉笔受，沙门深亮、胜庄、尘外、无著、怀迪证义，沙门承礼、云观、神暕、道本次文。次有润文官卢粲、学士徐坚、中书舍人苏瑨、给事中崔璩、中书门下三品陆象先、尚书郭元振、中书令张说、侍中魏知古，儒释二家，构成全美。《宝积》用贤既广，流志运功最多。

所慊者，古今共译《一切陀罗尼》末句云"莎嚩诃"，皆不窃考清浊，遂使命章有异。或云"萨婆诃"，或云"馺皤诃"等，九呼不伦，楷定梵音，悉无本旨。此非梵僧传诵不的，自是执笔之误，故克取"莎（桑巴反）嚩（无可反）诃（呼个反）"为正矣。

志开元十二年，随驾居洛京长寿寺。十五年十一月四日，嘱诫弟子五日斋时，令侍人散去，右胁安卧，奄然而卒，春秋一百五十六。帝闻轸悼②，敕试鸿胪卿，谥曰"开元一切遍知三藏"。遣内侍杜怀信监护丧事，出内库物，务令优赡。用卤簿、羽仪、幡幢、花盖，阗塞衢路。十二月一日，迁窆于洛南龙门西北原，起塔，勒石志之。

注释

① **耳顺**：《论语》有"六十而耳顺"之语，后多以耳顺为六十岁之代称。

② **轸悼**：沉痛哀悼。

译文

释菩提流志，南印度人，婆罗门种姓，姓迦叶氏。十二岁时，就外道出家，师事波罗奢罗，学声明、僧佉诸论。对历数、咒术、阴阳、谶纬等，无所不通。至六十岁时，才知外道之乖谬，遂回心转意，皈依佛门，隐居山谷，修习头陀行。起初依耶舍瞿沙三藏学诸经论，其后游历五印，遍听法席。唐高宗李治闻其盛誉，于永淳二年（公元六八三年）遣使迎他来华。武后年间，更受尊崇，敕住于洛阳福先寺，翻译《佛境界》《宝雨》《华严》诸经，凡十一部。

中宗神龙二年（公元七〇六年）又移住西京（长安）崇福寺，译出《大宝积经》。中宗去世，睿宗继位，敕于北苑白莲池、甘露亭续其译事。该经翻译出来后，皇上亲自为之作序。此经新旧共四十九会，总一百二十卷。先天二年（公元七一三年）译毕，四月八日进呈皇上。在此译场中，沙门思忠、天竺大首领伊舍罗等译梵文，天竺沙门波若屈多、沙门达摩证梵义，沙门履方、宗一、慧觉任笔受，沙门深亮、胜庄、尘外、无著、怀迪任证义，沙门承礼、云观、神暕、道本任缀文。此外还有润文官卢粲、学士徐坚、中书舍人苏瑨、给事中崔璩、中书门下三品陆象先、尚书郭元振、中书令张说、侍中魏知古，儒释二家，同襄是举，共成译事。《大宝积经》的翻译虽然调动了多方面的人，但菩提流志用力最勤。

其功最大，所不足者，古今所译《一切陀罗尼》末句称"莎嚩诃"，都不详加考订，遂使命章各异。或云"萨婆诃"，或云"馺皤诃"，称呼各异，多谐梵音，悉无本旨。这不是梵僧传诵不准确，而是执笔者之误写，实应以"莎嚩诃"为正矣。

开元十二年，菩提流志随皇上到了洛阳长寿寺。开元十五年十一月四日，嘱诫弟子五日斋时，令侍者散去，右胁安卧，奄然而逝，世寿一百五十六。皇上闻讯，深表哀悼，敕试鸿胪卿，谥号"开元一切遍知三藏"。派内侍杜怀信监护丧事，所需钱物，由内库供给，务令优赡。出葬那一天，旌旗幡幢，塞满道路。十二月一日，迁葬于洛阳南面之龙门西北的原野上，并起塔立碑。

3 义解

唐京兆大慈恩寺窥基

原典

释窥基，字洪道，姓尉迟氏，京兆长安人也。尉迟之先与后魏同起，号尉迟部，如中华之诸侯国，入华则以部为姓也。魏平东将军说六代孙孟都生罗迦，为隋代州西镇将，乃基祖焉。考讳宗，唐左金吾将军、松州都督、江由县开国公。其鄂国公德则诸父也，《唐书》有传。基母裴氏梦掌月轮吞之，寤而有孕。及乎盈月诞弥，与群儿弗类，数方诵习，神晤精爽。

奘师始因陌上见其眉秀目朗，举措疏略，曰："将家之种，不谬也哉。脱或因缘相扣，度为弟子，则吾法有寄矣。"复念在印度时计回程次，就尼揵子边占得卦甚吉："师但东归，哲资生矣。"遂造北门将军，微讽之出家。父曰："伊类粗悍，那胜教诏？"奘曰："此之器度，非将军不生，非某不识。"父虽然诺，基亦强拒。激勉再三，拜以从命，奋然抗声曰："听我三事，方誓出家。不断情欲、荤血、过中食也。"奘先以欲勾牵，后令入佛智，佯而肯焉。

行驾累载前之所欲，故关辅语曰"三车和尚"①。即贞观二十二年也。一基自序云："九岁丁艰，渐疏浮俗。"若然者，三车之说，乃厚诬也。

至年十七，遂预缁林。及乎入法，奉敕为奘师弟子。始住广福寺，寻奉别敕选聪慧颖脱者入大慈恩寺，躬事奘师，学五竺语，解纷开结，统综条然。闻见者无不叹伏。凡百捷度②跋渠③，一览无差，宁劳再忆？年二十五，应诏译经，讲通大小乘教三十余本。创意留心，勤勤著述，盖切问而近思，其则不远矣。造疏计可百本。

奘所译《唯识论》，初与昉、尚、光四人同受，润色、执笔、检文、纂义，数朝之后，基求退焉。奘问之，对曰："夕梦金容，晨趋白马，虽得法门之糟粕，然失玄源之醇粹，某不愿立功于参糅。若意成一本，受责则有所归。"奘遂许之，以理遣三贤，独委于基。此乃量材授任也。时随受撰录所闻，讲周疏毕。

无何，西明寺测法师亦俊朗之器，于《唯识论》讲场得计于阍者，赂之以金，潜隐厥形，听寻联缀，亦疏通论旨。犹数座方毕，测于西明寺鸣椎集僧，称讲此论。基闻之，惭居其后，不胜怅怏。奘勉之曰："测公虽造疏，未达因明。"遂为讲陈那之论，基大善三支④，纵横立破，述义命章，前无与比。

　　又云，请奘师唯为己讲《瑜伽论》，还被测公同前盗听先讲，奘曰："五性宗法⑤，唯汝流通，他人则否。"

　　后躬游五台山，登太行，至西河古佛宇中宿，梦身在半山，岩下有无量人唱苦声，冥昧之间，初不忍闻。徙步陟彼层峰，皆琉璃色，尽见诸国土。仰望一城，城中有声曰："住住！咄！基公未合到此。"斯须，二天童自城出，问曰："汝见山下罪苦众生否？"答曰："我闻声而不见形。"童子遂投与剑一镔，曰："剖腹当见矣。"基自剖之，腹开，有光两道晖映山下，见无数人受其极苦。时童子入城，持纸二轴及笔投之，捧得而去。及旦，惊异未已。过信夜，寺中有光久而不灭，寻视之，数轴发光者，探之，得《弥勒上生经》。乃忆前梦，必慈氏令我造疏通畅厥理耳。遂援毫次，笔锋有舍利二七粒而陨，如吴含桃许大，红色可爱。次零然而下者，状如黄粱粟粒。

　　一云，行至太原传法，三车自随，前乘经论箱帙，中乘自御，后乘家妓、女仆、食馔。于路间遇一老父，问乘何人。对曰："家属。"父曰："知法甚精，携家属偕，恐不称教。"基闻之，顿悔前非，翛然独往。老父则文殊菩萨也。此亦厄语矣。随奘在玉华宫参译之际，三车何处安置乎？

基随处化徒，获益者众。东行博陵，有请讲《法华经》，遂造《大疏》焉。及归本寺，恒与翻译旧人往还，屡谒宣律师。宣每有诸天王使者执事，或冥告杂务。尔日基去方来，宣怪其迟暮，对曰："适者大乘菩萨在此，善神翼从者多，我曹神通为他所制故尔。"以永淳元年壬午示疾，至十一月十三日长往于慈恩寺翻经院，春秋五十一，法腊无闻。葬于樊村北渠，祔三藏奘师茔陇焉。弟子哀恸，余外执绋会葬，黑白之众盈于山谷。

基生常勇进，造弥勒像，对其像日诵《菩萨戒》一遍，愿生兜率。求其志也，乃发通身光瑞，烂然可观。复于五台造玉石文殊菩萨像，写金字《般若经》毕，亦发神光焉。弟子相继取基为折中，视之如奘在焉。大⑥和四年庚戌七月癸酉，迁塔于平原。大安国寺沙门令俭检校塔亭，徙棺，见基齿有四十根不断玉如。众弹指言是佛之一相焉。凡今天下佛寺图形，号曰百本疏主真，高宗大帝制赞。一云玄宗。然基魁梧堂堂，有桓赳之气，而慈济之心，诲人不倦，自天然也。其符彩则项负玉枕，面部宏伟，交手十指若印契焉。名讳上字多出没不同者，为以《慈恩传》中云："奘师龙朔三年于玉华宫译《大般若经》终笔，其年十一月二十二日令大乘基奉表奏闻，请御制序。至十二月七日通事舍人冯义宣由。"此云灵基，《开元录》为"窥基"，或言"乘基"，非也。彼曰大乘基，盖慧立、彦悰不全斥，故云大乘基，如言不听泰耳，犹谨遣大乘光奉表同也。今海内呼慈恩法师焉。

注释

① **三车和尚**：窥基初拒玄奘之命而不断世欲，出门则三车相随，前车载经论，中车自乘，后车载家妓、食馔等，故有"三车和尚"之称。

② **揵度**：又作"犍度""建陀""乾度"，指分类编纂于一处，相当于品或节。

③ **跋渠**：又作"纳息"，即品、章、篇、部等。

④ **三支**："三支作法"之略称，系陈那及其弟子商羯罗主等新因明论师所立，依宗、因、喻而成立因明论式。

⑤ **五性宗法**：五种种性说。法相唯识系把种性分成五种：（一）声闻乘种性，（二）缘觉乘种性，（三）如来乘种性，（四）不定种性，（五）无出世功德种性，

认为有一类众生不具佛性，永远不能成佛，与性宗所立之"一切众生悉有佛性"说迥然有异。

⑥ **大**：应为"太"之误，《东方年表》《国译一切经》均载"太和"。

译文

释窥基，字洪道，俗姓尉迟，京兆长安（今陕西西安）人。尉迟氏之祖先与后魏同时兴盛、崛起，称尉迟部，有如古代之诸侯国，入华以后则以部为姓。魏平东将军说之六代孙孟都生于罗迦，隋时镇守代州一带，即窥基之祖辈。其父尉迟宗，为唐左金吾将军、松州都督、江由县开国公。鄂国公尉迟敬德则是窥基之伯父，《唐书》有传。其母裴氏夜梦月轮，因而有孕。及出世时，与众兄弟不尽相同，聪明异常，神悟超拔。

长大之后，有一次玄奘法师在田野上偶然看到他，见他眉清目秀，举止大方，便说："不愧是将军之后代，若能度其出家，则佛法有寄矣。"回想当年在印度时，曾于尼揵子处占得一吉卦，曰："法师东归之后，将会有很杰出的弟子继承你的事业。"于是，玄奘就登门造访窥基其父，希望能让窥基出家。其父曰："我这个儿子甚是粗悍，哪堪造就？"玄奘曰："此之器度，非将军不生，非我不识。"其父终于同意了，但窥基本人却不愿意出家，经再三激励，虽勉强同意，但提出了三个条件，即"一不断世间情欲，二不断荤食，三日过中仍可以吃东西"。玄奘本着先以欲钩牵，后令入佛智的精神，假装答应了他的要求。

起初，窥基出门时常有三车相随，前车载经论，中车自乘，后车载家妓、食馔，故关中一带称之为"三车和尚"。此即贞观二十二年（公元六四八年）的事。但据窥基于书之自序中曾说："九岁时丧母，平时常感到很孤单，渐渐厌离世俗。"如果此说合乎实际，则"三车和尚"的说法恐怕就言之太过了。

到十七岁时，才正式受度为玄奘弟子。开始时住在广福寺，后来皇上欲选一些聪颖学徒入大慈恩寺，他就被选送至大慈恩寺师事玄奘，从玄奘学天竺语及佛学义理等。他修习刻苦，见解精到，见者都赞叹不已。一般的百十品之经典，他一览无差，过目成诵，二十五岁时，应诏参加译经，并讲解大小乘经论达三十余本。他精通经典，勤勤著述，造疏计达百部之多。

玄奘所译之《唯识论》，起初与神昉、嘉尚、普光四人同受，或润色，或执笔，或检文，或纂义等，几年后，窥基提出要退出此译事。玄奘问其故，他说："大家一起从事翻译，虽能得法门之糟粕，但失却玄源之纯粹，我不喜欢做这种杂糅性的工作。若是独立完成，一者自己想法能够得到表达，再者有责任则自己承担。"玄奘遂同意他之要求，请另外三个人退出此译事，交窥基独立完成。这乃是量材授任也。那一段时间，窥基随侍玄奘左右，随受随录，撰写所闻，玄奘常给他独自讲解唯识之学。

其时，西明寺有一圆测法师，亦是聪颖异常之辈，曾派人暗中偷听玄奘给窥基独自讲授的唯识之学，之后自己加以串通诠释。玄奘为窥基刚讲解完毕，圆测也在西明寺鸣钟集众，讲解起《唯识论》来了。窥基知道此事后，很惭愧自己竟居其后，甚是惆怅。玄奘就勉励他说："圆测虽造疏，通唯识之学，但不懂得因明理论。"于是就为窥基讲解陈那的因明理论。窥基精通了陈那的"三支作法"等新因明学说，纵横立破，述义命章，一时没有人能与他相抗衡。

另外还有一种说法，曰：玄奘为窥基独自讲解《瑜伽师地论》，又被圆测派人偷听先讲，玄奘就对窥基说："他虽会《瑜伽论》，但'五种种性说'我只传授给你，只有你能弘通，别的人则不行。"

后来，窥基亲游五台山，登上太行山，在西河古佛寺中寄宿时，曾梦见自己身处于半山上，岩下有很多人叫苦连天，惨不忍闻。登上山顶后，见到处都是琉璃色，可遍览诸国土。仰望一城，城中传来叫声，曰："住住！咄！基公不合到此。"过后，两天童自城中出来，问他道："你见到山下之罪苦众生吗？"窥基答道："我只听到声音但未见其形。"童子遂给了他一把剑，说："剖腹则可见矣。"窥基遂拿剑剖腹，腹一打开，有两道亮光直映山下，看见许多人在下面遭受极苦。其时两童子又进城去了，拿出两捆纸和笔给他。到天亮时，窥基忆想昨晚所梦，惊异不已。第二天夜里，寺中有一道光，很久都不失灭，循着亮光找去，得到一本《弥勒上生经》。联想昨晚所梦，料是弥勒菩萨令我造疏弘通，遂提起笔，却见笔端掉下了几粒舍利，有含桃那么大，呈红色，随后又掉下几粒舍利，状如黄粱粟粒。

还有一种说法，曰：窥基到太原传法时，有三车相随，前乘经论，中车自乘，后车载家妓、女仆、食馔等。在路上碰到一位老父，问他车中所乘何人。窥基答道："是家眷。"老父曰："你对佛法很精通，但却携带家眷，恐与佛法不相称！"窥基听后，顿悔前非，爽然独往。有说此老父乃文殊菩萨之化身。这些都是外界的传说。窥基跟随玄奘在玉华宫翻译经典时，若有三车，又安放于何处呢？

窥基随处弘法，利益群生。东行至博陵，有人请他讲解《法华经》，遂造《法华经疏》。等他回到本寺后，常与以前一起从事翻译的道友交游，多次会见道宣律师。……于永淳元年（公元六八二年）患疾，至十一月十三日入寂于长安慈恩寺翻经院，世寿五十一，法腊未详。葬于樊村北渠，靠近玄奘茔陇。弟子哀悼，葬礼隆重，僧俗二界送葬者满山遍野。

窥基生前精进不懈，曾造弥勒像，对着像每日诵一遍《菩萨戒》，表示愿生兜率内院。又于五台山造玉石文殊菩萨像，写金字《般若经》。其弟子对他很崇敬，视之如玄奘法师。太和四年（公元八三〇年）七月，迁塔至平原。大安国寺沙门令俭检校塔亭，移棺时见基齿四十余颗不断如玉，有说此乃是佛三十二相中之一相也。后来，中国佛教界多称窥基为"百部疏主"。但窥基其人，相貌魁梧，有桓赳之气，而心地慈善，诲人不倦。……至于窥基之名讳，各书记载不尽相同，《慈恩传》中称："玄奘法师于龙朔三年（公元六六三年）在玉华宫译《大般若经》终笔，其年十一月二十二日令大乘基奉表奏闻，请皇上制序……"此处称之为"灵基"，而《开元释教录》又称之为"窥基"，或称之为"大乘基"……今海内僧俗二界多称之为"慈恩法师"。

唐京兆大慈恩寺普光

释普光，未知何许人也。明敏为性，爰择其木，请事三藏奘师。勤恪之心，同列靡及。至于智解，可譬循环，闻少证多，奘师默许。末参传译，头角特高，左右三藏之美，光有功焉。

初，奘嫌古翻《俱舍》，义多缺然，躬得梵本，再译真文，乃密授光，多是记忆西印萨婆多师口义。光因著《疏》解判。一云其《疏》至圆晖略之为十卷，如汉之有泍欤？

又尝随奘往玉华宫译《大般若经》，厥功出乎褌赞也，时号大乘光。观夫奘自贞观十九年创译，讫麟德元年，终于玉华宫，凡二十载，总出大小乘经律论七十五部，一千三百三十五卷，十分七八是光笔受。或谓嘉光、普光也，若验从辩机同参译务，即普光是也。

释普光，未详何许人也。自幼聪颖明敏，后师事玄奘法师。修学精勤，众莫之比。至于智解，更是异出群伦，闻少证多，得玄奘默许。后来参加译经，玄奘之许多译典，均是普任笔受，功莫大焉。

起初，玄奘嫌旧本《俱舍论》义多不全，他就用印度带回的梵本，重新翻译，译完之后，密授予普光。普因撰《俱舍论疏》三十卷详解之。一说此《疏》至圆晖时略为十卷。

又，他曾随玄奘往玉华宫译《大般若经》，用力甚巨，功不可没，时称之为"大乘光"。玄奘自贞观十九年开创译场，至麟德元年终于玉华宫，凡二十年，总出大小乘经律七十五部，一千三百三十五卷，此中，十分七八是普光笔受，是玄奘译场中可与窥基比肩的最大功臣之一。有说是嘉光和普光的功劳，但如果以随从辩机同样参与翻译工作来说的话，那就是普光了。

唐京师西明寺圆测

释圆测者，未详氏族也。自幼明敏，慧解纵横。三藏奘师为慈恩基师讲新翻《唯识论》，测赂守门者隐听，归则缉缀义章。将欲罢讲，测于西明寺鸣钟召众，称讲《唯识》。基慊其有夺人之心，遂让测讲训。奘讲《瑜伽》，还同前盗听受之，而亦不后基也。

迨高宗之末、天后之初，应义解之选，入译经馆，众皆推挹。及翻《大乘显识》等经，测充证义，与薄尘、灵辩、嘉尚攸方其驾。所著《唯识疏钞》，详解经论，天下分行焉。

释圆测，姓氏、祖籍均不详（一说圆测为朝鲜王族出身，俗姓金）。自幼聪颖异常，慧解出众。三藏法师玄奘为慈恩窥基讲解新翻《唯识论》，圆测贿赂守门者偷听，回来后就编纂义章。当玄奘刚为窥基讲完时，圆测就在西明寺撞鼓鸣钟，聚众先讲，弄得窥基甚是不快。后来，玄奘为窥基再讲《瑜伽师地论》，圆测又采取老办法，叫门人去偷听，然后先讲，窥基拿他没办法，十分懊恼。后来玄奘独自给他讲"五种种性说"，作为家传秘法。

到了高宗末年、武后初年，朝廷挑选义解之僧人，他入选到译经馆，很受大众推赞。在翻《显扬圣教论》《唯识》诸论时任证义，与薄尘、灵辩、嘉尚等同为玄奘之得意弟子。所著《唯识疏钞》《解深密经疏》等，流行于世。

唐京师安国寺元康

释元康，不详姓氏，贞观中游学京邑，有彭亨之誉。形拥肿而短，然其性情酋勇，闻少解多，群辈推许。先居山野，恒务持诵《观音》，求加慧解，遂感鹿一首角分八歧，厥形绝异。康见之，抚而驯伏，遂拳养之，乘而致远，曾无倦色。

以"三论"之文荷之于背，又以小轴系之于尾，曳入上都，意为戏弄：说有之徒不达空性，我与轻轴碾之，令悟真理。

又衣大布，曳纳播，戴竹笠，笠宽丈有二尺，装饰诡异，人皆骇观。既入京城，见一法师盛集讲经化导，康造其筵，近其座，便就所讲义申问，往返数百言，人咸惊康之辩给如此。复戏法师，曰："甘桃不结实，苦李压低枝。"讲者曰："轮王千个子，巷伯勿孙儿。"盖讥康之无生徒也。康曰："丹之藏者赤，漆之藏者黑，随汝之赤者非缥绛焉，入汝之黑者非铅墨焉。"举众皆云："辞理涣然，可非垂迹之大士也？"

帝闻之，喜曰："何代无其人！"诏入安国寺讲此

"三论"。遂造疏，解中观之理。别撰《玄枢》两卷，总明《中》《百》《门》之宗旨焉。后不测其终。

译文

　　释元康，姓氏不详，贞观年间游学于京城，颇负盛名。其人身材短而胖，但灵性很高，闻少解多，为时人所推许。起初他隐居深山，常读诵《观音经》，求加慧解，遂感得一鹿之一只角分叉为八支，其形绝异。元康见之，便上前抚摸它，该鹿十分驯服，元康便把它养起来，并作为坐骑，无论骑多久，该鹿均毫无倦色。

　　元康曾把"三论"放于鹿背之上，把小卷经典绑在鹿之尾巴上，牵着上市：意为执有之徒不达性空，我以轻轴碾之，令其解悟。

　　又，他常穿大布，戴竹笠，笠宽二尺多，装饰怪异，人皆称奇。既入京城，见一法师在集会讲经，元康遂参加其法席，并坐在那个法师旁边。那法师刚说罢，他便诘问经义，两人常往返数百言，在座的人都赞叹其雄辩。他又戏弄法师，曰："甘桃不结实，苦李压低枝。"那法师对曰："轮王千个子，巷伯勿孙儿。"此意在讥诮元康之无信众、学徒。元康曰："丹之藏者赤，漆之藏者黑，随汝之赤者非缥绛，入汝之黑者非铅墨。"

大众都称善，视之为垂迹大士。

皇帝闻讯，十分高兴，把他召入安国寺讲"三论"。他遂广造"三论"注疏，精解中观之理。另撰有《玄枢》两卷，总明《中论》《百论》《十二门论》之宗旨。后不知所终。

唐京兆大慈恩寺嘉尚

原典

释嘉尚，未知何许人也。慧性天资，瑰奇气质，篇聚坚守，性相克攻，勤在进修，务于翻译。远栖心于奘三藏门，见宗庙之富，窥室家之好。久稽考《瑜伽师地》《佛地论旨》《成唯识论》，深得义趣。随奘于玉华宫译《大般若经》，充证义缀文，多能杰出。及三藏有疾，命尚具录所翻经论合七十五部，总一千三百三十五卷。又录俱胝画像一千帧，造十俱胝像，写经、放生、燃灯，令尚宣读。奘合掌欢喜曰："吾心中愿也，汝代导之，得没而无悔焉。"奘卒，著述疏钞出杂集，义门夥多。天后朝同薄尘、灵辩等预译场证义，功绩愈繁。

尚初侍奘师在玉华宫翻经，至初会《严净佛土品》，说诸佛菩萨以神通愿力盛大千界上妙珍宝诸妙香花，及意乐所生五尘妙境供养庄严说法处，与寺主慧德夜睹玉华寺内广博严净，伎乐盈满，又闻三堂讲法。明日白奘，欢喜符合。尚不知所终。

译文

释嘉尚，未知何许人也。慧性天资，气质朗拔，勤于进修，善于翻译。师事玄奘法师，精研《瑜伽师地论》《佛地论旨》《成唯识论》，深得义趣。随玄奘法师于玉华宫译《大般若经》，任证义之职，兼事缀文，博学多才。玄奘法师患疾时，令嘉尚录所释经论计七十五部，一千三百三十五卷。又录俱胝画像一千幅，造十俱胝像，写经、放生、燃灯，令嘉尚宣读。玄奘十分高兴，合掌道："这些都是我之心愿，你代我做了，今生无所遗憾也。"玄奘入灭后，著述疏钞出杂集，义门众多。武后时，与薄尘、灵辩等任译场证义，功绩卓著。

起初，嘉尚随侍玄奘在玉华宫译经，当译至《严净佛土品》，说诸佛菩萨以神通愿力盛大千界上妙珍宝诸妙香花，及意乐所生五尘妙境供养庄严说法处，与寺主慧德夜里见到玉华寺内广博严净，闻伎乐阵阵，又听到三堂处在说法。第二天把这向玄奘报告，玄奘十分欢喜。嘉尚其人后不知所终。

唐淄州慧沼

　　释慧沼，不知何许人也。少而警慧，始预青衿，依于庠序，诵习该通。入法修身，不违戒范，乃被时谚沼阇黎焉。次攻坚于经论，善达翻传。自奘三藏到京，恒窥壶奥。后亲大乘基师，更加精博。及菩提流志于崇福寺译《大宝积经》，沼预其选，充证义，新罗胜庄法师执笔。沙门大愿、尘外皆一时英秀、当代象龙。于时武平一充使，卢藏用、陆景初总预斯场。中书侍郎崔湜因行香至翻经院，叹曰："清流尽在此矣，岂应见隔？"因奏请乞同润色新经。

　　初，沼证义于义净译场，多所刊正，讹言舛义，悉从指定，无敢逾制。后著诸疏义，号淄州沼也。

译文

　　释慧沼，不知何许人也。少年时就十分聪慧机敏，起初在乡校里学习诗书，后出家皈依佛门，从不违背戒律，遂被时人称为沼阇黎。后来，他精研经论，善于传译。自从玄奘到京城后，恒修习其所传之新译经典。后来从窥基受学，更加精勤。菩提流志于崇福寺译《大宝积经》时，慧沼入选，任证义，朝鲜胜庄法师执笔。参加译事之沙门大愿、尘外等，也都是当时佛教界之精英。其时武平一为使者，卢藏用、陆景初为译场总管。中书侍郎崔湜因行香到了翻经院，赞叹道："清流尽在此矣，岂应见隔？"遂奏请同到该译场任润色之职。

起初，慧沼于义净之译场任证义，对其中之错讹多所刊正，义净都听从他的意见。后来著有《能显中边慧日论》《因明入正理论义纂要》等，号称"淄州沼"。

唐京兆大慈恩寺彦悰

原典

释彦悰，未知何许人也。贞观之末，观光上京，求法于三藏法师之门。然其才不迨光、宝，偏长缀习学耳。于玄儒之业，颇见精微；辞笔之能，殊超流辈。有魏国西寺沙门慧立性气焦然，以护法为己任，著传五卷，专记三藏自贞观中一行盛化及西域所历夷险等，号《慈恩传》，盖取寺题也。及削藁云毕，虑遗诸美，遂藏于地穴，至疾亟，命门徒掘土出之而卒。

其本数年流散他所，搜购乃获。弟子等命悰排次之，序引之，或文未允，或事稍亏，重更伸明，曰《笺述》是也，乃象郑司农笺毛之诂训也。或有调之曰："子与隋彦琮相去几何？"对曰："赐也何敢望回！虽长卿慕蔺，心宗慕于玉宗，故有以也。《诗》曰：'言念君子，温其如玉。'自许亦颜之士也。"或人许焉，悰不知终所。

译文

释彦悰，未详何许人也。贞观末年，到京城去观光，求法于三藏法师。但他的才学不及普光、法宝等，偏长于读习缀文。于玄儒之理见解也颇精微、独到，文笔之隽永、流畅，则尤为出众。当时，有魏国西寺沙门慧立才性卓绝，以护法为己任，撰有传记五卷，专写三藏自贞观年间至西行求法及在西域所历夷险等事，号《慈恩传》，盖以玄奘所住之慈恩寺为题。完稿后，欲传诸后世，遂把它藏于地穴之中，临终时，令门人从土中掘出之后就断气了。

此传在外流传了数年，后经搜购才找到。玄奘之弟子们令彦悰重新整理，或言未允，或事稍亏者，则加以修订，曰《笺述》，使得该传更加完善，有如郑玄之笺《毛传》也。曾有人与他开玩笑曰："你与隋朝之彦琮相比，相差几何？"他回答道："赐何敢与回比！《诗经》上说：'真正的君子，性情温润如玉。'我期望自己也是像颜回那样的君子啊！"当时很多人都称许彦悰，可惜后来就不知道他往哪里去了。

唐新罗国黄龙寺元晓

原典

释元晓，姓薛氏，东海湘州人也。丱髦之年，惠然入法，随师禀业，游处无恒。勇击义围，雄横文阵，仡仡然，桓桓然，进无前却，盖三学之淹通，彼土谓为万人之敌，精义入神，为若此也。尝与湘法师入唐，慕奘三藏慈恩之门，厥缘既差，息心游往。无何，发言狂悖，示迹乖疏，同居士入酒肆倡家，若志公持金刀铁锡。或制疏以讲杂华，或抚琴以乐祠宇，或闾阎寓宿，或山水坐禅，任意随机，都无定检。时国王置百座"仁王经大会"，遍搜硕德，本州以名望举进之，诸德恶其为人，谮王不纳。

居无何，王之夫人脑婴痈肿，医工绝验，王及王子臣属祷请山川灵祠，无所不至。有巫觋言曰："苟遣人往他国求药，是疾方瘳。"王乃发使泛海入唐，募其医术。溟涨之中，忽见一翁由波涛跃出登舟，邀使人入海，睹宫殿严丽，见龙王。王名钤海，谓使者曰："汝国夫人是青帝第三女也，我宫中先有《金刚三昧经》，乃二觉圆通示菩萨行也。今托仗夫人之病为增上缘，欲附此经出彼国流布耳。"于是将三十来纸重沓散经付授使人，复曰："此经渡海中，恐罹魔事。"王令持刀裂使人腨肠^①而内于中，用蜡纸缠縢，以药傅之，其腨如故。龙王言："可令大安圣者铨次缀缝，请元晓法师造疏讲释之，夫人疾愈无疑。假使雪山阿伽陀药力亦不过是。"龙王送出海面，遂登舟归国。时王闻而欢喜，乃先召大安圣者黏次焉。

大安者，不测之人也，形服特异，恒在市鄽，击铜钵唱言"大安！大安！"之声，故号之也。王命安，安云"但将经来"，不愿入王宫阃。安得经，排来成八品，皆合佛意。安曰："速将付元晓讲，余人则否。"晓受斯经，正在本生湘州也，谓使人曰："此经以本始二觉为宗，为我备角乘，将案几，在两角之间置其笔砚。"始终于牛车造疏，成五卷。王请克日于黄龙寺敷演，时有薄徒窃盗新疏，以事白王，延于三日，重录成三卷，号为《略疏》。

洎乎王臣道俗云拥法堂，晓乃宣吐有仪，解纷可则，称扬弹指，声沸于空。晓复昌言曰："昔日采百椽时，虽不预会；今朝横一栋处，唯我独能。"时诸名德俯颜惭色，伏膺忏悔焉。初晓示迹无恒，化人不定，或掷盘而救众，或噀水而扑焚，或数处现形，或六方告灭，亦杯渡、志公之伦欤？其于解性，览无不明矣。《疏》有广略二本，俱行本土。略本流入中华，后有翻经三藏改之为论焉。

注释

① 腨肠：小腿肚子。

译文

释元晓，俗姓薛，东海湘州（今朝鲜）人。童年出家，随师就业，四处游方，居无定所，精通义理，文才卓著。因仰慕玄奘法师，曾与义湘法师欲渡海来唐，但没能成功，遂四处游化。他发言狂悖，行迹乖疏，曾同居士入诸酒肆，游各妓院，如志公之游戏人生。有时则制疏以说法，或抚琴以乐祠宇，或露宿街头，或坐禅山水，随缘任运，一无拘束。当时国王置百座"仁王经大会"，遍搜硕德名僧，本州名德均推举之，但京城僧人恶其为人放荡，进谮于国王，劝国王不要让他参加。

没过多久，王后患脑疾，国医也无可奈何，国王及诸王子都祈祷于山川灵祠，想尽一切办法欲医治好她的病，但都一无应效。有巫医进言："若派人到他国求药，此疾才有望治好。"国王乃遣使泛海入唐求医术。船在海上随波起伏，忽然见一老翁自波浪中出来，并登上船，邀请使者入海去觐见龙王。龙王名叫钤海，对使者说："你国王后是青帝第三女，我宫中过去有《金刚三昧经》，专示本觉、始觉之菩萨行。今以你国王后之病为因缘，欲附此经出彼国流布。"于是将三十来纸之经典付予使者，并说："此经至海中，恐怕会遇到魔鬼扰乱。"遂令人用刀切开小腿肚子，把经藏在里面，用蜡纸缠好，并涂上药缝起来，表面上看与原来没有什么两样。龙王说："可令大安圣者依次缀补，请元晓法师造疏讲释，王后之病就无大碍了。此比雪山之阿伽陀药更灵验。"龙王把使者送出水面，使者遂登舟归国。国王听到使者报告了事情的经过，十分高兴，遂先召大安圣者进行粘补。

大安者，不测其人，形服特异，常在市井中，手敲铜钵唱道："大安！大安！"故有大安之号。国王先令大安缀补经典，大安道："请将经拿来。"他不愿到王宫去。大安得经之后，排成八品，皆合佛意。他缀补完毕，就对来拿经的人说："速付元晓讲释，其他的人则不行。"元晓拿到该经后，正在故乡，他对使者说："此经以本、始二觉为宗，请为我准备牛车、案几，在两角之间置笔砚。"他始终在牛车上造疏，最后成五卷。国王请他立即在黄龙寺开讲，当时有盗贼窃走新疏，把这事报告国王之后，下令推延三日，重新录成三卷，号为《略疏》。

其时王公大臣云集法堂，元晓乃宣讲该经，仪态庄严，条理清晰，称扬弹指，声沸于空。元晓于法会上高声唱道："昔日采百椽时，虽不预会；今朝横一栋处，唯我独能。"当时诸名德面呈愧色，服膺忏悔。起初，元晓踪迹无常，化人不定，或掷盘而救众，或喷水而扑火，或数处现形，或六方告灭，亦杯渡、志公之辈也。而其解性，则出类拔萃。其《疏》有广略二本，俱行本土。略本流入中国，后来有译经三藏改之为论。

唐中岳嵩阳寺一行

释一行，俗姓张，巨鹿①人也。本名遂，则唐初佐命郯国公公谨之支孙也。丱岁不群，聪黠明利，有老成之风。读书不再览，已暗诵矣。因遇普寂禅师大行禅要，归心者众，乃悟世幻，礼寂为师，出家剃染。所诵经法，无不精讽。寂师尝设大会，远近沙门如期必至，计逾千众。时有征士②卢鸿，隐居于别峰，道高学富，朝廷累降蒲轮，终辞不起。大会主事先请鸿为导文，序赞邑社。

是日，鸿自袖出其文，置之机案。钟梵既作，鸿谓寂公曰："某为数千百言，况其字僻文古，请求朗隽者宣之，当须面指摘而授之。"寂公呼行，伸纸览而微笑，复置机案。鸿怪其轻脱。及僧聚于堂中，行乃攘袂而进，抗音典裁，一无遗误。鸿愕，视久之，降叹不能已，复谓寂公曰："非君所能教导也，当纵其游学。"自是三学名师，罕不咨度。

因往当阳，值僧真，纂成《律藏序》，深达毗尼。然有阴阳谶纬之书，一皆详究，寻访算③术，不下数千里，知名者往询焉。末至天台山国清寺见一院，古松数十步，门枕流溪，淡然岑寂，行立于门屏，闻院中布算，其声簌簌然。僧谓侍者曰："今日当有弟子自远求吾算法，计合到门，必无人导达耶？"即除一算子，又谓侍者曰："门前水合却西流，弟子当至。"行承其言而入，稽首请法，尽授其决焉，门前水复东流矣。自此声振遐迩，公卿籍甚。

玄宗闻之，诏入，谓行曰："师有何能？"对曰："略能记览，他无所长。"帝遂命中官取宫籍以示之，行周览方毕，复其本，记念精熟，如素所习。唱数幅后，帝不觉降榻，稽首曰："师实圣人也。"嗟叹良久。寻乃诏对无恒，占其灾福，若指于掌，言多补益。

时邢和璞者，道术人，莫窥其际，尝谓尹愔曰："一行和尚真圣人也。汉落下闳造历云：'八百岁当差一日，则有圣人定之。'今年期毕矣。属《大衍历》出，正其差谬，则落下闳之言可信。非圣人孰能预于斯矣！"

又于金刚三藏学陀罗尼秘印，登前佛坛，受法王宝，复同无畏三藏译《毗卢遮那佛经》，开后佛国，其传密藏，必抵渊府也。睿宗、玄宗并请入内集贤院，寻诏住兴唐寺。所翻之经，遂著《疏》七卷，又《摄调伏藏》六十卷、《释氏系录》一卷、《开元大衍历》五十二卷。其历编入《唐书·律历志》，以为不刊之典。又造游仪黄赤二道，以铁成规，于院制作。

次有王媪者，行邻里之老妪，昔多赡行之贫，及行显遇，常思报之。一日拜谒云："儿子杀人，即就诛矣，况师帝王雅重，乞奏减死，以供母之残龄！"如是泣涕者数四。行曰："国家刑宪，岂有论请而得免耶？"命侍僧给与若干钱物，任去别图。媪戟手曼骂曰："我居邻周给迭互，绷褓间抱乳汝，长成，何忘此惠耶！"行心慈爱，终夕不乐，于是运算毕，召净人④戒之曰："汝曹挈布囊于某坊闲静地，午时坐伺，得生类投囊，速归。"

明日，果有猏夒引独七个，净人分头驱逐，猏母走矣，得独而归。行已备巨瓮，逐一入之，闭盖，以六乙泥封口，诵胡语数契而止。投明，中官⑤下诏入问云："司天监奏昨夜北斗七座星全不见，何耶？"对曰："昔后魏曾失荧惑星，至今帝车不见，此则天将大儆于陛下也。夫匹夫匹妇不得其所，犹陨霜天旱，盛德所感，乃能退之。感之切者其在葬枯骨乎！释门以慈心降一切魔，微僧曲见，莫若大赦天下。"玄宗依之。其夜占奏北斗一星见，七夜复初。其术不可测也。

又，开元中尝旱甚，帝令祈雨，曰："当得一器上有龙状者，方可致雨。"敕令中官同于内库中遍视之，皆言弗类。数日后指一古鉴，鼻盘龙，喜曰："此真龙也。"乃将入坛场，一日而雨。其异术通感为若此也。

玄宗在大明宫，从容密问社稷吉凶并祚运终毕事，行对以他语。帝询之不已，遂曰："陛下当有万里之行。"又曰："社稷毕得终吉。"帝大悦。复遗帝一金合子，形若弹丸，内贮物，撼必有声，发之不得，云："有急则开。"帝幸蜀，仓黄⑥都忘斯事，及到成都，忽忆启之，则药分中当归也。帝曰："伊药产于此，师知朕违难至蜀当归也。"复见万里桥，曰："一行之言，信其神矣。"命中官焚香祝之，乃告谢也。及昭宗初封吉王，至太子德王，唐为梁灭，终行之言"社稷毕得终吉"也。

开元十五年九月于华严寺疾笃，将舆病入辞，小间而止。乃诏京城名德致大道场，为行祈福，危疾微愈，其宠爱如是。十月八日随驾幸新丰，身无诸患，口无一言，忽然浴香水换衣，趺坐正念，怡然示灭。

一云：辞告玄宗后，自驾前东来嵩山谒礼本师，即寂也。时河南尹裴宽正谒寂，寂云："有少事，未暇与大尹款话，且请踟蹰休息也。"宽乃屏从人，止于旁室，伺寂何为。见洁净正堂，焚香默坐，如有所待。斯须，叩门连声云："天师一行和尚至。"（僧号天师，始见于此，言天子师也。）行入，颇匆切之状，礼寂之足，附耳密语，其貌愈恭。寂但颔应言："无不可者。"语讫又礼，礼语者三，寂唯言："是！是！无不可者。"行语讫，降阶入南室，自闭其户。寂乃徐召侍者曰："速声钟，一行已灭度。"左右疾走视之，瞑目而坐，手掩伺息，已绝。四众弟子悲号沸渭，撼动山谷，乃停神于罔极寺。自终及葬，凡经三七日，爪甲不变，髭发更长，形色怡悦，时众惊异。帝览奏，悲怆曰："禅师舍朕，深用哀慕！"丧事官供，诏葬于铜人原，谥曰大慧禅师。御撰塔铭，天下释子荣之。

注释

① **巨鹿**：今河北省巨鹿县。一说一行为河南省南乐县人。

② **征士**：不应朝廷征聘之士。

③ **算**：计算用的筹。

④ **净人**：指寺院中未剃度而服净类作务者。

⑤ **中官**：指宦官，即太监。

⑥ **仓黄**：同"仓皇"，匆忙的意思。

译文

释一行，俗姓张，巨鹿（今河北省巨鹿县）人。本名遂，系唐初佐命郯国公公谨之支孙。童年即聪颖超群，有老成之风，读书过目成诵。那时，普寂禅师大弘禅法，很多人都皈依了他，一行也拜普寂为师，披剃出家。所诵经法，无不精究。普寂禅师曾设大法会，远近沙门都如期前去参加，达一千多人。当时有征士卢鸿，隐居于别峰，道高学富，朝廷屡次征召，都婉言谢绝。大会主事先请卢鸿写一导文，赞颂盛况。

那一天，卢鸿从袖中拿出导文，放在案几之上。大会开始后，卢鸿对普寂禅师说："我作了一篇导文，其字冷僻，其文古奥，可请机灵博学者宣读，我必须当面做一些指点。"普寂禅师遂叫一行宣读。一行打开一看，面带微笑，又把导文放在桌上。卢鸿对其不以为然颇感诧异。主事把僧众都召集到法堂上，一行从容走上台去，朗朗读来，一无遗漏。卢鸿愕然，视之良久，十分赞叹，回头对普寂禅师说："此子非你所能教导也，当让他自行游学。"自此之后，三学名师，无不咨询。

曾往当阳一带，遇到僧真法师，纂成《律藏序》，深得毗尼意旨。此外，他对阴阳谶纬之书，也都多加探究，并到处寻访那些精通天文历数者，举凡略有些名气的，他都前去参访。后来，在天台山国清寺见一庭院，古松参天，门枕溪流，寂静异常，一行站立于门外，听到里面有用筹子算数者，其声籁籁然。当时院中的僧人对侍者说："今日当有弟子从很远的地方来向我学历数，大概已经到门外了，难道没有人引他前来吗？"即投一筹，又对侍者说："门前的水若西流，是人当至。"一行闻其言后，便进入屋里，稽首请法，该僧尽授其法，门前的水又向东而流。自此之后，声名大振。

　　唐玄宗知道后，就把他召入宫内，问一行道："你有什么才能？"一行答道："略能记览，其他的就没有什么特长了。"玄宗遂命太监拿来典籍让他看，一行草草看了一遍，就把书合上，背诵流利，如以往早就熟读过一样。只背诵了几篇，玄宗不知不觉从座上下来，稽首道："法师实圣人也。"嗟叹不已。后来，就经常诏他入内，与之对谈，请其占卜吉凶祸福，所说多有灵验，对皇上多有补益。

　　当时有一称为邢和璞的道士，凡人难窥其玄奥，曾对尹愔说："一行和尚真圣人也。汉代造历法之落下闳曾说过：'现在之历法八百年会出现一日之误差，将来必有圣人出来订正它。'看来时机已经到了。其所作之《大衍历》，正好订正了以往历法之误差，落下闳之言可信也。非圣人焉能至此！"

　　一行又曾从金刚智三藏学"陀罗尼秘印"，又同善无畏一起翻译《毗卢遮那佛经》，对密藏颇是精通。睿宗、玄宗都曾请他入宫内之集贤院，后又敕住于兴唐寺。他曾就所翻之经典著《疏》七卷，又著《摄调伏藏》六十卷（一说十卷）、《释氏系录》一卷、《开元大衍历》五十二卷。其历编入《唐书·律历志》，以为不刊之典。又曾于院内制造黄赤二道游仪等，并用铁制成规。

有一个叫王媪之邻里老妪，在一行贫困时曾经常帮助他，等到一行成名显贵之后，常想报答她。有一天，此老妪来拜访他，说：“我的儿子因杀人，就要被定罪问斩了，当今帝王很敬重你，想请你向皇上求个情，免我儿子的死罪，以便赡养我。”痛哭流涕，请一行一定帮这个忙。一行说：“国家之刑法，岂有以情求赦之理！”遂令侍僧给此老妪一些钱物，请她放弃这个念头。此老妪见状，破口大骂道：“你我做邻居时，我曾经常帮助于你，你小的时候，我就尽力哺养你，现在显贵了，竟如此忘恩负义！”一行毕竟是一副菩萨心肠，经她这么一说，终日闷闷不乐，于是运筹而算，后召集在寺中服净务之人，对他们说：“你们拿着这个布袋到街坊某个闲静之处，坐在那里稍等一会，如果遇有生物走入袋中，速速带回。”

　　第二天，果然有一头母猪领着七头小猪前来，大家分头追赶，母猪逃脱，他们就带着几头小猪回来。其时，一行准备好一个大瓮，逐一把小猪赶入瓮中，然后盖上盖子，并用泥巴封住瓮口，又念动咒语真言。不久太监传皇上诏书来问一行，曰：“有奏昨日北斗七座星全不见，不知何故？”一行答道：“过去后魏时也曾出现过荧惑星不见的事，后来果然有不吉利的事情发生，此乃上天以天象谴告陛下。……依僧看来，最好能大赦天下。"玄宗听后，遂依一行所奏，大赦天下。那一天夜里，七星中的一星又出现了，七日后，七星恢复如初。其法术真是深不可测。

又，开元年间曾经发生大旱，皇上下令祈雨，一行道："当得一器物，上有龙状，方可致雨。"遂下敕太监到内库中寻找，都说内库中无这种器物。几天之后，一行指着一个鼻盘龙古镜，大喜，曰："此真龙也。"遂将此镜带入坛场，当天就祈来一阵大雨。其异术通感若此。

唐玄宗在大明宫时，向一行问及社稷吉凶及运祚长短诸事，一行避而不答。玄宗一再追问，不得已乃说："陛下当有万里之行。"又说："社稷最后会终于吉也。"玄宗大悦。后来，他又送给玄宗一个金盒子，形如弹丸，内藏有东西，摇之有声，但又拿不出来，并对玄宗说："遇有急事，再把它打开。"后来，安禄山作乱，玄宗逃至四川，因走得很匆忙，把一行的话都忘记了。等到成都后，才想起此事，遂把那盒子打开，见里面原来是中药"当归"。玄宗曰："一行知道此药产于此地，又知我必遇难逃至此地也。"后来，见到万里桥，曰："一行之言真如神也！"遂命太监焚香祝之，以表谢意。及昭宗初封吉王，至太子德王，唐为梁灭，又应了一行所说的："社稷最后会终于吉也。"

开元十五年九月于华严寺患重疾，遂向玄宗辞别。

玄宗乃召集京城大德建立道场，为一行禳灾祈福，一行之病果有小愈，其受恩宠，一至于此。是年十月八日随驾至新丰，身无任何病痛，也不曾说过什么，忽然沐浴香水，更换衣服，趺坐正念，怡然而灭。

另有一说法，曰：一行辞别玄宗后，自己去到嵩山参谒本师，即普寂也。当时河南尹裴宽正好也去参拜普寂，普寂禅师曰："有一点小事，未能与你多谈，请你稍事休息。"裴宽乃摒退随从，自己进入旁舍，看看普寂有什么事。只见普寂让人打扫正堂，焚香默坐，如有所待。过了片刻工夫，只听见叩门声，通报道："天师一行和尚到。"一行入内后，好像很匆促的样子，行礼足之仪后，又附于普寂的耳朵说了一些密语，其状甚是恭敬。只见普寂频频点头，并说："无不可也。"说完，就吩咐侍者："速敲钟，一行已入灭了。"左右赶忙走过去，只见一行瞑目而坐，一摸，其气已绝。四众弟子悲号痛哭，哀动山谷，遂把其遗体停放于阇极寺。自他入灭至埋葬，有三个七日，但其爪甲丝毫不变，须发甚至还在继续生长，形色怡悦，大众都叹为奇异。皇上闻奏，极感悲怆，曰："禅师舍朕，良可哀也。"丧事一由官府承办，下诏葬于铜人原，赐谥号曰"大慧禅师"。皇上亲自为之撰写塔铭，天下释子都以此为荣。

唐京兆西崇福寺智升

释智升，未详何许人也。义理悬通，二乘俱学，然于毗尼^①，尤善其宗。此外文性愈高，博达今古。每慊^②聂道真、道安，至于明佺、宣律师各著大藏目录，记其翻传年代人物者，谓之《晋》《魏》《汉》等录，乃于开元十八年岁次庚午，撰《开元释教录》二十卷，最为精要。何耶？

诸师于同本异出、旧目新名，多惑其文，真伪相乱，或一经为两本，或支品作别翻，一一裁量，少无过者。如其旧录江泌女子诵出经，黜而不留，可谓藻鉴；杜塞妖伪之源，有兹独断。后之圆照《贞元录》也，文体意宗，相岠不知几百数里哉。麟德中道宣出《内典录》十卷，靖迈出《图纪》四卷，升各续一卷。经法之谱，无出升之右矣。

注释

① **毗尼**：意译为"毗奈耶""毗那耶""鼻奈耶"，亦即"律""律藏"。

② **慊**：不满、不满足。

释智升，未详何许人也。二乘俱学，精通义理，而尤擅长于律学。他博达古今，才华横溢。常不满意于聂道真、道安乃至明佺、道宣所著之大藏目录中记其所翻的年代人物，也就是所谓《晋录》《魏录》《汉录》等，遂于开元十八年（公元七三〇年）撰著《开元释教录》，凡二十卷。在所有经录中，此《开元释教录》最为精要。

以往诸录，对于同本异出、旧目新名等，都很混乱，或一经有两录，或支品作别翻。《开元释教录》对于这些都一一予以校勘、订正。如旧录中江泌女子所诵出之经，此录则不予保留，可说是藻镜；对杜塞妖伪的乱源，也有独到的见解。后来圆照之《贞元录》也远不如此录。麟德年间道宣所出之《大唐内典录》十卷，靖迈出《图纪》四卷，智升各续一卷。经法之谱，没有超出智升者。

唐代州五台山清凉寺澄观

原典

释澄观，姓夏侯氏，越州山阴①人也。年甫十一，依宝林寺（今应天山）霈禅师出家，诵《法华经》。十四，遇恩得度，便隶此寺。观俊朗高逸，弗可以细务拘，遂遍寻名山，旁求秘藏，梯航既具，壶奥必臻。乾元中，依润州栖霞寺醴律师学"相部律"。本州依昙一，隶南山律，诣金陵玄璧法师，传关河"三论"。"三论"之盛于江表，观之力也。

大历中，就瓦官寺传《起信》《涅槃》。又于淮南法藏，受海东《起信疏》义。却复天竺诜法师门，温习《华严》大经。七年，往剡溪，从成都慧量法师，复寻"三论"。十年，就苏州从湛然法师习天台《止观》《法华》《维摩》等经疏。解从上智，性自天然，所学之文，如昨抛舍，鲍静记井，蔡邕后身，信可知矣。

又谒牛头山忠师、径山钦师、洛阳无名师，咨决南宗禅法。复见慧云禅师，了北宗玄理。观自谓己曰："五地圣人，身证真如，栖心佛境，于后得智中起世俗念，学世间技艺，况吾学地，能忘是心？"遂翻习经、传、子、史、小学、苍雅、天竺悉昙诸部异执、四围、五明、秘咒、仪轨，至于篇颂笔语书踪，一皆博综。多能之性，自天纵之。

大历十一年，誓游五台，一一巡礼，祥瑞愈繁。仍往峨嵋，求见普贤，登险陟高，备观圣像。却还五台，居大华严寺，专行"方等"忏法。时寺主贤林请讲大经，并演诸论。因慨《华严》旧疏，文繁义约，惄然长想：况文殊主智，普贤主理，二圣合为毗卢遮那，万行兼通，即是华严之义也。吾既游普贤之境界，泊妙吉②之乡原，不疏毗卢，有辜二圣矣。观将撰《疏》，俄于寤寐之间，见一金人当阳挺立，以手迎抱之，无何咀嚼都尽。觉即汗流，自喜吞纳光明遍照之征也。

起兴元元年正月，贞元三年十二月毕功，成二十轴，乃饭千僧以落成也。后常思付授，忽夜梦身化为龙，矫首于南台，蟠尾于山北，拿攫碧落，鳞鬣耀日。须臾，蜿蜒化为千数小龙，腾跃青冥，分散而去。盖取象乎教法支分流布也。

四年春正月，寺主贤林请讲新疏。七年，河东节度使李公自良复请于崇福寺讲。德宗降中使李辅光宣诏入都，与罽宾三藏般若译乌荼国王所进《华严》后分四十卷。观苦辞，请明年入。敕允。及具行，至蒲津，中令梁公留安居，遂于中条山栖岩寺住。寺有禅客，拳眉剪发，字曰痴人，披短褐，操长策，狂歌杂语，凡所指斥，皆多应验。观未至之前，狂僧驱众僧洒扫，曰："不久菩萨来此。"复次壁画散脂大将及山麋之怪，往往不息。观既止此寺，二事俱静。

五月，内中使霍仙鸣传宣催入。观至，帝颇敦重，延入译场刊正。又诏令造《疏》。遂于终南草堂寺编成十卷，进呈，敕令两街各讲一遍为《疏》。时堂前池生五枝合欢莲华，一华皆有三节，人咸叹伏。寻译《守护国界主经》，观缀文润色。顺宗在春宫③，尝垂教令述《了义》一卷、《心要》一卷并《食肉得罪因缘》。洎至长安，频加礼接，朝臣归向，则齐相国抗、韦太常渠牟，皆结交最深。故相武元衡、郑絪、李吉甫、权德舆、李逢吉、中书舍人钱徽、兵部侍郎归登、襄阳节度使严绶、越州观察使孟简、洪州韦丹，咸慕高风，或从戒训。以元和年卒，春秋七十余。弟子传法者一百许人，余堪讲者千数。

观尝于新创云花寺般若阁下画"华藏世界图相"，又著《随疏演义》四十卷，允齐相请述《华严经纲要》一卷、《法界玄鉴》一卷、《三圣圆融观》一卷、《华严》《法华》《楞伽》《中观论》等。别行《小钞疏》共三十卷。设无遮大会十二中，其诸塑缋形像，缮写经典，不可殚述。门人清沔记观平时《行状》云："观恒发十愿：一长止方丈，但三衣钵，不畜长；二当代名利，弃之如遗；三目不视女人；四身影不落俗家；五未舍执受，长诵《法华经》；六长读大乘经典，普施含灵；七长讲《华严》大经；八一生昼夜不卧；九不邀名惑众伐善；十不退大慈悲普救法界。"观遂尽形期，恒依愿而修行也。

注释

① **越州山阴：**今浙江绍兴。

② **妙吉：**文殊菩萨又称"妙吉祥"。

③ **春宫：**东宫，太子所居之所。

译文

释澄观，俗姓夏侯氏，越州山阴（今浙江绍兴）人。十一岁时，依宝林寺霈禅师出家，诵《法华经》。十四岁时，披剃得度，随后便住此寺。澄观俊朗高逸，不拘小节，曾遍寻名山，旁求秘籍，既有了梯航之具，便可进行深入探研。乾元年间，依润州栖霞寺醴律师学"相部律"。后回本州，依昙一习南山律学，又往金陵玄璧法师处，受学关河"三论"。"三论"之盛于江南，澄观之力也。

大历年间，在瓦官寺修习《大乘起信论》和《涅槃经》，又于淮南法藏处学新罗僧元晓之《大乘起信论疏》，后又从天竺诜法师学《华严经》。大历七年（公元七七二年）往剡溪，从成都慧量法师再度探研"三论"。大历十年，往苏州从湛然法师修习天台《止观》《法华》《维摩》诸经疏。澄观崇尚智解，注重天然，不拘于所学之文。

此后，又拜谒了牛头山惠忠法师、径山道钦法师、洛阳无名氏师，咨遍南宗禅法。后来又参访慧云禅师，探习北宗禅法。澄观曾说："五地圣人，身证真如，栖心佛境，于后得智中起世俗念，学世间技艺，而我乃学地僧人，岂能不博学广习？"遂用心博览经、传、子、史小学、文字训诂、天竺悉昙、四围、五明、秘咒、仪轨等等，多能之性，自天纵之。

大历十一年，发誓亲游五台，巡礼各处圣迹。后往峨嵋，求见普贤菩萨，涉险登高，备观圣像。后又往五台，居大华严寺，专行"方等"忏法。当时寺主贤林请他讲解《华严经》，并弘演诸论。他慨叹《华严》旧疏文繁义约，私下就想：普贤主理，文殊主智，二圣合为毗卢遮那，万行兼通，此即华严之义也。我既游普贤之境，临文殊道场，不疏毗卢，则有负于二圣矣。澄观正准备撰《疏》，不久忽于梦中见一金人站立于自己面前，用手迎抱之，他却不知不觉把那金人吃掉了。梦醒之后，满身大汗淋漓，自喜这乃吞纳了光明遍照之象征。

自兴元元年（公元七八四年）正月起，到贞元三年（公元七八七年）十二月止，完成了《华严经疏》之撰著，共二十卷。后常考虑传授后人，忽有一天梦见自己化为一条龙，头枕于南台，尾盘于山北，其鳞闪闪发光，过了不久，慢慢化为千百条小龙，分散而去。此乃佛法分支之征象也。

　　贞元四年正月，寺主贤林请他讲解新疏。七年，河东节度使李自良又请他于崇福寺讲解该疏。唐德宗时，曾派中使李辅光宣诏，召他入都，与罽宾三藏般若共译乌荼国王所进呈之《华严》后分四十卷。其时，澄观苦苦请求，让他明年去京城。皇上准奏。后来，当他动身到京城去时，在蒲津，受中书令梁公之请，于该地夏坐，住于中条山栖岩寺。该寺有一禅客，浓眉剪发，号为痴人，身披短褐，手操长板，狂歌乱舞，但所说都很灵验。澄观未到之前，该狂僧曾催促众僧洒扫庭院，曰："不久菩萨将到此地。"又于壁上画散脂大将及山怪之像，而自澄观到了此地之后，此二事尽皆停息。

　　五月，宫中中使霍仙鸣传诏催澄观入京，并诏令造《华严经疏》。澄观遂于草堂寺造疏十卷，皇上敕令两街各讲一遍他所撰之《华严经疏》。当时堂前池中生出五枝合欢莲花，一花皆有三节，人人赞叹。后来，又令译《守护国界主经》，澄观任缀文润色之职。顺宗在当太子时，曾令澄观为之讲《了义经》一卷、《心要》一卷及《食肉得罪因缘》。到长安后，皇上频加礼接，朝中诸大臣亦多皈依于他，齐相国抗、韦太常渠牟，与之是深交。故相武元衡、郑绸、李吉甫、权德舆、李逢吉、中书舍人钱徽、兵部侍郎归登、襄阳节度使严绶、越州观察使孟简、洪州韦丹等，都十分仰慕其道行，均从之受戒。于元和年间入灭，世寿七十余。有著名弟子一百多人，一般徒众一千多人。

澄观曾于新建之云花寺般若阁画"华藏世界图相"，又著有《大方广佛华严经随疏演义钞》四十卷、《华严经纲要》一卷、《法界玄鉴》一卷、《三圣圆融观》一卷，对《华严》《法华》《楞伽》《中观论》等，也多有疏释。另有《小钞疏》计三十卷。其所写经典，所绘佛菩萨像等，不可胜数。门人清沔记述澄观事迹的《行状》称："澄观常发十愿：一长止方丈，但三衣钵；二当代名利，弃之如遗；三目不视女人；四身影不落俗家；五未舍执受，长诵《法华》；六长读大乘经典，普济群生；七常讲《华严》大经；八一生昼夜不卧；九不邀名惑众；十不退大慈悲普济世界。"澄观直至入寂之前，一直依愿修行。

唐处州法华寺智威（附慧威）

释智威，姓蒋氏，缙云①人也。颖脱尘蒙，心游物表。少事师于轩辕氏炼丹山，闻天台宗教盛，遂负笈往沃洲石城寺，亲灌顶禅师求请心要。既而得一融道，体二居宗，定慧方均，寂照相半，虽云自了，急在利他。天与多能，富有辞藻，著《桃岩寺碑》，与《头陀寺碑》气度相表。后以法眼付授慧威焉。时传威是徐陵后身，其利智雄才，断可知矣。

又释慧威，姓留氏，东阳人也。鬌角之年②，露其旧习，抉开爱网，径入空门，不滞一方，仍参三益。闻缙云大威禅师盛行禅法，裹足造焉。刻志忘劳，睹威墙奥。一日千里，罔不推称，至有成业，时谓小威。然其乐静居山，罕交人事。指教门人，不少杰出者，左溪玄朗矣。威常修止观，匪弃光阴，说与行而并驰，语将嘿而齐贯，落落然汪汪然，人无得名焉。

注释

① **缙云**：今浙江省永康市北。
② **鬌角之年**：指童年、少年。

译文

　　释智威，俗姓蒋，处州缙云（今浙江省永康市北）人。少年时就离俗出家，心游物外。起初拜师于轩辕氏炼丹山，听说天台教学很盛，遂负笈往沃洲石城寺，拜谒灌顶法师，蒙灌顶指示心要，遂了定慧双开、寂照相半之理。他博学广闻，多才多艺，文辞隽永、秀丽，著《桃岩寺碑》，与《头陀寺碑》等，气度非凡。后传法于慧威。当时曾传智威是徐陵后身，其利智雄才，可见一斑。

　　又，释慧威，俗姓留，东阳（今浙江金华）人。幼年就厌恶尘俗，斩断爱网，毅然出家。进入空门后，不滞一方，四处游学。闻缙云智威法师励弘禅法，遂前往参学。他修习刻苦，尽得智威之法要，很有成就，颇受时人之推崇，当时之佛教界称之为小威。他为人好居山静坐，很少与世人交往，传法授徒，门下有不少对佛学颇有造诣的高足，其中左溪玄朗是其中之一。慧威平时常修习止观，夜以继日，坚持不懈，讲说与修行并重，坐禅与观照兼举，颇得天台止观并重学说之真传。

唐台州国清寺湛然

原典

释湛然，俗姓戚氏，世居晋陵之荆溪①，则常州人也。昔佛灭度后十有三世，至龙树始用文字广第一义谛，嗣其学者号法性宗。元魏、高齐间有释慧文默而识之，授南岳思大师，由是有三观之学。洎智者大师蔚然兴于天台，而其道益大。以教言之，则然乃龙树之裔孙也，智者之五世孙也，左溪朗公之法子也。

家本儒墨，我独有迈俗之志，童卯邈焉异于常伦。年二十余，受经于左溪，与之言，大骇。异日谓然曰："汝何梦乎？"然曰："畴昔夜梦披僧服，掖二轮，游大河之中。"左溪曰："嘻！汝当以止观二法度群生于生死渊乎？"乃授以本师所传止观。然德宇凝精，神锋爽拔，其密识深行，冲气慧用，方寸之间，合于天倪。至是始以处士传道，学者悦随，如群流之趣于大川也。

天宝初年，解逢掖而登僧籍。遂往越州昙一律师法集，广寻持犯开制之律范焉。复于吴郡开元寺敷行止观。无何，朗师捐代，挈密藏独运于东南，谓门人曰："道之难行也，我知之矣。古先至人静以观其本，动以应乎物，二俱不住，乃蹈于大方。今之人或荡于空，或胶于有，自病病他，道用不振。将欲取正，舍予谁归？"于是大启上法，旁罗万行，尽摄诸相，入于无间。即文字以达观，导语默以还源。乃祖述所传章句凡十数万言。心度诸禅，身不逾矩，三学俱炽，群疑日溃，求珠问影之类，稍见罔象之功行。止观之盛，始然之力也。

天宝末、大历初，诏书连征，辞疾不就。当大兵大饥之际，揭厉法流，学徒愈繁，瞻望堂室，以为依怙。然慈以接之，谨以守之，大布而衣，一床而居，以身诲人，耆艾②不息。

建中三年二月五日，示疾佛陇道场，顾语学徒曰："道无方，性无体，生软死软，其旨一贯。吾归骨此山，报尽今夕，要与汝辈谈道而诀。夫一念无相谓之空，无法不备谓之假，不一不异谓之中。在凡为三因，在圣为三德，爇炷则初后同相，涉海则浅深异流，自利利人，在此而已。尔其志之！"言讫隐几，泊然而化，春秋七十二，法腊三十四。门人号咽，奉全身起塔，祔于智者大师茔兆西南隅焉。入室弟子吴门元浩，可谓迩其人近其室矣。

然平日辑纂教法，明决前疑，开发后滞，则有《法华释签》《法华疏记》各十卷，《止观辅行传弘决》十卷、《法华三昧补助仪》一卷、《方等忏补阙仪》二卷、

《略维摩疏》十卷、《维摩疏记》三卷、《重治定涅槃疏》十五卷、《金𨱏论》一卷，及《止观义例》《止观大意》《止观文句》《十妙不二门》等盛行于世。详其然师，始天宝，终建中，以自证之心，说未闻之法，经不云乎，"云何于少时大作佛事"，然师有焉。

其朝达得其道者唯梁肃学士，故摛鸿笔成绝妙之辞。彼题目云："尝试论之，圣人不兴，其间必有命世者出焉。自智者以法传灌顶，顶再世至于左溪，明道若昧，待公而发，乘此宝乘，焕然中兴。盖受业身通者三十有九僧，搢绅③先生高位崇名，屈体承教者又数十人。师严道尊，退迓归仁，向非命世而生，则何以臻此！"观夫梁学士之论，拟议偕齐。非此人何以动鸿儒，非此笔何以铭哲匠？盖洞入门室见宗庙之富，故以是研论矣。吁！吾徒往往有不知然之道！诗云："维鹊有巢，维鸠居之。"梁公深入佛之理窟之谓欤！有会稽法华山神邕作真赞，至大宋开宝中吴越国王钱氏追重而诔之，号圆通尊者焉，可不是欤！

注释

① **荆溪**：在今江苏宜兴县南，以近荆南山得名。

② **耆艾**：古代称六十岁为"耆"，称五十岁为"艾"，指老年。

③ **搢绅**：又作"缙绅"，原指官宦之装束，后多以作官宦之代称。

译文

释湛然，俗姓戚，常州晋陵荆溪（今江苏省宜兴县南）人。自释迦牟尼佛灭度后十三世，至龙树才开始用文字弘扬第一义谛，承继弘扬此系学说的称为法性宗。北魏、北齐年间有慧文禅师，深得其旨，随后传授给南岳慧思，由此而有三观之学。自从智者大师建立起天台宗后，其道进一步得到弘扬。从这一点看，湛然乃龙树之嫡孙、智者之五世孙、左溪朗公之法子也。

其家本崇尚儒墨之学，而他却独有迈俗之志，童年时就超出群伦。二十多岁时，受学于左溪。左溪与之谈话后，对他之才学极表赞赏。过后问湛然说："你可曾做过什么梦？"湛然曰："过去我曾梦见自己身披僧服，胁掖二轮，游于大河之中。"左溪道："这预示着你日后当以止观二法济度群生。"乃授以其师传授给他的止观学说。湛然风神俊拔，深思好学，自从左溪受学后，就以在家居士传扬佛法，四方学者从之如流。

天宝初年才在宜兴净乐寺出家（有说湛然于天宝七年出家，即公元七四八年）。后遂往越州（即浙江绍兴），师事昙一律师，广究律部。后又至吴郡开元寺修习止观。不久，左溪朗公入灭，湛然遂到东南一带盛弘天台教法。他曾对门人说："道之难行也，我知之矣。古代至人静以观其本，动以应乎物，二俱不住，乃蹈于大方。现在之人，或荡于空，或胶于有，自病病他，遂使道法不振。将欲取正，舍我其谁也？"……于是祖述所传，撰"天台三大部"的注疏等凡数十万言，显扬宗义，对抗他家。天台止观学之中兴再显，湛然之力也。

天宝末年、大历初年（公元七四二至七七九年），玄宗、肃宗、代宗等帝前后下诏征召他，他称疾固辞。先在江苏武进县一带弘法，后迁居天台国清寺，弘法不辍，诲人不倦。在天下动乱、大兵大饥之际，前来从之受学者更多。他一生慈悲为怀，清淡寡欲，平常大布而衣，一床而居，以弘扬佛法、中兴天台为己任。

建中三年（公元七八二年）二月五日，示疾于天台山佛陇道场，曾对学徒们说："道无方，性无体，生之与死，其旨一贯。我归骨此山，报尽今夕，要与汝辈谈道而诀。夫一念无相谓之空，无法不备谓之假，不一不异谓之中。在凡为三因，在圣为三德，爇炷则前后同相，涉海则深浅异流，自利利人，在此而已。你们应当切记之。"说完之后，奄然而化，世寿七十二，法腊三十四。门人悲号，奉全身起塔于智者大师茔兆西南面。嘱累弟子为吴门元浩。

湛然一生弘法不辍，著述宏富，撰有《法华释签》《法华疏记》各十卷，《止观辅行传弘决》十卷、《法华三昧补助仪》一卷、《方等忏补阙仪》二卷、《略维摩疏》十卷、《维摩疏记》三卷、《重治定涅槃疏》十五卷、《金錍论》一卷。此外，还有《止观义例》《止观大意》《止观文句》《十妙不二门》等著作，也都盛行于世。湛然其人，自天宝至建中年间，数十年内，以自证之心，说未闻之法，真有如经上所说的"于少时大作佛事"也。

　　他的门徒甚多，其中较著名的弟子有道邃、行满、元浩等，而朝廷显贵中真得其道者，只有梁肃学士，故梁肃对他之评论最为中肯、确切。梁肃曰："尝试论之，圣人不兴，其间必有命世者出焉。自从智者大师以天台教法传灌顶，灌顶再传至左溪，这一段时间，天台学不甚景气，至荆溪湛然，天台学才得到中兴。从湛然受业而有所成就者有三十九人，许多朝廷显贵、世俗学者对他也极表尊崇，从之受学者也有数十人。一时间，天台之教学又成为显学，四方学者，纷纷皈依，若非命世之人，何能至此！"读梁肃学士之评，诚至论也。……宋开宝年间，吴越王钱氏又追谥湛然以"圆通尊者"之号。

唐圭峰草堂寺宗密

释宗密，姓何氏，果州西充①人也。家本豪盛，少通儒书，欲干世以活生灵，负俊才而随计吏。元和二年，偶谒遂州圆禅师，圆未与语，密欣然而慕之，乃从其削染受教。此年进具于拯律师。寻谒荆南张，张曰："汝传教人也，当宣导于帝都。"复见洛阳照禅师，照曰："菩萨人也，谁能识之？"末见上都华严观，观曰："毗卢华藏，能随我游者其唯汝乎？"

初在蜀，因斋次受经，得《圆觉》十二章，深达义趣，誓传是经。在汉上因病僧付《华严》句义，未尝隶习，即尔讲之，由是乃著《圆觉》《华严》及《涅槃》《金刚》《起信》《唯识》《盂兰盆》《法界观》《行愿经》等疏钞及法义、类例、礼忏、修证、图传、纂略。又集诸宗禅言为禅藏，总而序之，并酬答书偈议论等。又《四分律疏》五卷、《钞悬谈》二卷，凡二百许卷，《图》六面。皆本一心而贯诸法，显真体而融事理，超群有于对待，冥物我而独运矣。

密累入内殿，问其法要。大和二年庆成节，征赐紫方袍为大德。寻请归山。会昌元年正月六日坐灭于兴福塔院，俨若平日，容貌益悦。七日，迁于函，其自证之力可知矣。其月二十二日，道俗等奉全身于圭峰，二月十三日荼毗②，得舍利数十粒，明白而润大。后门人泣而求诸煨中，必得而归，悉敛藏于石室，其无缘之慈可知矣。俗龄六十二，僧腊三十四。遗诫令舁尸施鸟兽，焚其骨而散之，勿塔，勿得悲慕，以乱禅观。每清明上山，必讲道七日而后去。其余住持仪则当合律科，违者非吾弟子。

初，密道既芬馨，名惟烜赫，内众慕膻既如彼，朝贵答响又如此。当长庆、元和已来，中官立功执政者孔炽，内外猜疑，人主危殆。时宰臣李训酷重于密，及开成中伪甘露发，中官率禁兵五百人出合，所遇者一皆屠戮。时王涯、贾𫗧、舒元舆方在中书会食，闻难作，奔入终南投密。唯李训欲求剪发，匿之，从者止之，训改图趋凤翔。时仇士良知之，遣人捕密入左军，面数其不告之罪，将害之。密怡然曰："贫道识训年深，亦知其反叛，然本师教法，遇苦即救，不爱身命，死固甘心。"中尉鱼恒志嘉之，奏释其罪。朝士闻之，扼腕出涕焉。

或曰："密师为禅耶？律耶？经论耶？"则对曰："夫密者四战之国也，人无得而名焉，都可谓大智圆明、自证利他大菩萨也。是故裴休论撰云：'议者以师不守禅行，而广讲经论。游名邑大都，以兴建为务。乃为多闻之所役乎，岂声利之所未忘乎？嘻！议者焉知大道之所趣哉？夫一心者万法之总也，分而为戒定慧，开而为六度，散而为万行。万行未尝非一心，一心未尝违万行。禅者六度之一耳，何能总诸法哉？且如来以法眼付迦叶，不以法行。故自心而证者为法，随愿而起者为行，未必常同也。然则一心者万法之所生，而不属于万法。得之者则于法自在矣，见之者则于教无碍矣。本非法不可以法说，本非教不可以教传，岂可以轨迹而寻哉？

"'自伽叶③至富那奢凡十祖皆罗汉，所度亦罗汉。马鸣、龙树、提婆、天亲始开摩诃衍④，著论释经，摧灭外道，为菩萨唱首。而尊者阇夜独以戒力为威神，尊者摩罗独以苦行为道迹。其他诸祖，或广行法教，或专心禅寂，或蝉蜕而去，或火化而灭，或攀树以示终，或受害而偿债，是乃法必同而行不必同也。

"'且循辙迹者非善行，守规墨者非善巧，不迅疾无以为大牛，不超过无以为大士。故师之道也，以知见为妙门，寂净为正味，慈忍为甲盾，慧断为剑矛。破内魔之高垒，陷外贼之坚阵，镇抚邪杂，解释缧笼。遇穷子则叱而使归其家，见贫女则呵而使照其室。穷子不归，贫女不富，吾帅耻之；二乘不兴，四分不振，吾师耻之；忠孝不并化，荷担不胜任，吾师耻之；避名滞相，匿我增慢，吾师耻之。故遑遑于济拔，汲汲于开诱，不以一行自高，不以一德自耸。人有依归者，不俟请则往矣；有求益者，不俟愤则启矣。虽童幼不简于应接，虽骜很不怠于叩励。其以阐教度生，助国家之化也如此。

"'故亲师之法者，贫则施，暴则敛，刚则随，戾则顺，昏则开，堕则奋，自荣者慊，自坚者化，徇私者公，溺情者义。凡士俗有舍其家，与妻子同入其法、分寺而居者，有变活业、绝血食、持戒法，起家为近住者，有出而修政理以救疾苦为道者，有退而奉父母以丰供养为行者。

"'其余憧憧而来，欣欣而去，扬袂而至，实腹而归，所在甚众，不可以纪。真如来付嘱之菩萨，众生不请之良友。其四依之人⑤乎？其十地之人乎？吾不识其境界庭宇之广狭深浅矣。议者又焉知大道之所趣哉？'其为识达大人之所知心为若此也。密知心者多矣，无如升平相国之深者，盖同气相求耳。"

宣宗再阐真乘，万善咸秩，追谥曰定慧禅师，塔号青莲。持服执弟子礼四众数千百人矣。

注释

① **果州西充**：今四川省西充县。

② **荼毗**：又作"阇维""耶维"等，意为火化、火葬。

③ **伽叶**：《大正藏》本及《国译一切经》均作"迦叶"。

④ **摩诃衍**：大乘。

⑤ **四依之人**：又称"四依大士""四依菩萨"。小乘以出世凡夫、须陀洹、阿那含、阿罗汉为四依之人；大乘或以十地等觉为四依，或以第十法云地为四依。

译文

释宗密，俗姓何，果州西充（今四川西充县）人。家本豪富，少年即通读儒书，欲从政以利生济世。唐宪宗元和二年（公元八〇七年），偶然拜谒了遂州大云寺道圆禅师，道圆禅师未曾和他说话，宗密十分钦慕之，遂从他出家。就在这一年，从拯律师受具足戒。后来，他又拜访了荆南张，张对他说："像你这样的传教之人，应该在京城一带传扬佛法。"至洛阳后，又参见了照禅师，照很赏识他，曾说："此乃真菩萨人也，不知谁人能识之？"后来，他又参见了华严澄观，澄观曾对他说："此华严之学，能随我游学其中者，只有你了。"

从前在四川时，宗密曾得到一本《圆觉经》，共十二章，深达其中之义理，立誓弘传该经。后来在汉水一带，有一病僧托付给他《华严》句义，他不曾预习，随之开讲，其后乃著《圆觉经》《华严经》《涅槃经》《金刚经》《大乘起信论》《唯识论》《盂兰盆》《法界观》

《行愿经》等疏钞及法义、类例、礼忏、修证、图传、纂略等。又搜集诸宗禅言为禅藏，并总而序之，出《禅源诸诠集都序》。又曾撰《四分律疏》五卷、《钞悬谈》二卷等，计二百多卷。凡此皆本一心而贯诸法，显真体而融理事，超群有于对待，冥物我而独运矣。

宗密又曾多次被邀入内殿，请问佛法大意。大和二年（公元八二八年）皇上曾赐紫方袍，并敕号"大德"。后来，他请求返归山林。会昌元年（公元八四一年）正月六日坐灭于兴福塔院。入灭时容貌怡悦，有如平日。七日后，移遗体于函中，形状、颜色一无变化，可见其自证之力非同一般。是月二十二日，道俗等奉全身于圭峰，二月十三日火化，得舍利数十粒，色体白而大。后来，门人凡于灰烬中求其舍利者，都能得到，其慈悲普济可知矣。世寿六十二，僧腊三十四，曾遗嘱把自己的遗体放到野外，让群鸟啄食，其骨火化后分撒掉，不要建塔，不要瞻仰，以免惑乱禅观。宗密在生前，每年清明节上山时，必讲道七日而后才下山。常常要求弟子行事仪则须合戒律，若有违犯者，则非其弟子。

当宗密学道有成、声名显赫之后，与朝廷之显贵多有交往。元和、长庆年间，太监擅权，内外猜疑，人主危殆。其时宰相李训与宗密交往甚密。至开成年间，朝廷发生事变，中官率领禁军五百多人捕杀朝中大臣，当时王涯、贾𫗦、舒元舆正在中书会食，听到消息后，慌慌忙忙地逃至终南山投靠宗密，李训且要求削发出家，把他隐藏起来，随从制止了他，李训遂改投凤翔。这事后来被仇士良知道了，就把宗密抓了起来，当面指责他不告之罪，准备杀害他。宗密泰然自若，曰："贫道认识李训已经很久了，亦知道他反叛之事，但佛法以慈悲为怀，遇苦即救，并不太多考虑自己的身命。"中尉鱼恒志很赞赏他，奏请皇上赦免其罪。朝士闻知此事，皆扼腕流涕。

曾有人问："宗密之学在禅呢，还是在律？或者在弘经讲论？"答曰："宗密其人，学无常师；其学，包罗广博，乃是一个大智圆明、自证利他之大菩萨。是故裴休赞之曰：'有些人以宗密不守禅行，而讲经解论，四处游化，以兴建为务，则认为他为闻解之所役。嘻！这些人焉知大道之归趣？夫一心者万法之总也，分而为戒、定、慧，开而为六度，散而为万行。万行未尝不是一心之所现，一心又何尝违背万行！禅乃六度之一而已，怎能总揽诸法？且如来以正法眼藏付迦叶，并不是以言行来传授。……得之者则于法自在矣，见之者则于教无碍也。本非法不可以法说，本非教不可以教传，岂能以行相立论？

"'自迦叶至于富那奢凡数十祖皆罗汉，所度者也都是罗汉。而马鸣、龙树、提婆、世亲始说大乘，著论疏经，摧灭外道，为菩萨之轨范。但也有如阇夜者，独以戒力而为威神，尊者摩罗则以苦行而成道。其他诸祖，或广行法教，或专心禅寂，或蝉蜕而去，或火化而灭，或攀树以示终，或受害而偿债，是乃法同而行不必同也。

"'且循旧辙者并非善行，守规矩者非善巧，不迅疾无以为大牛，非超常者无以为大士。故师之道者，以知见为妙门，以寂净为正味，以慈忍为盾甲，以慧断为剑矛。破内魔之高垒，陷外贼之坚阵，镇邪弃杂，解缧释笼。遇穷子则劝其归家，见贫女则导见宝藏。穷子不归，宝藏不见，吾师耻之；二乘不兴，戒律不明，吾师耻之；忠孝不全，人伦不洽，吾师耻之；执着名相，生其增慢，吾师耻之。故一生遑遑于救济，汲汲于开诱，不以一行而自高，不以一德而自举。有依归者，不等恭请而自往；有求益者，常常主动予以开导。不因幼童而有所怠慢，虽狂妄之徒，也谆谆教诫劝勉。其以弘法度生，助国家之教化也如此。

"'故亲师之法者，贫则施，暴则敛，刚则随，戾则顺，昏则开，堕则奋，自荣者能慊，自坚者则化，徇私者可渐生公心，溺情者能渐识义理。正因为如此，士俗遂有舍其家庭与妻、子同归佛门或夫妻分寺而居者，有改换行业、不再荤食、到寺院居住修行者，有受其学说之影响，以济世救苦为道者，有退而奉父母以供养为行者。

"'此外，僧俗二界，不远万里前去皈依他，而终获大利益者，更是数不胜数。真真是如来付嘱之菩萨也，……'其对宗密之了解、崇拜者若此。宗密僧俗二界之朋友很多，但真正知宗密者，裴休其人也。"

至宣宗时追谥"定慧禅师"，号其塔曰"青莲"。其四众弟子达数千人之多。

4 习禅

唐蕲州东山弘忍

原典

　　释弘忍，姓周氏，家寓淮左浔阳①，一云黄梅②人也。王父暨考，皆干名不利，贲于丘园。其母始娠，移月而光照庭室，终夕若昼。其生也灼烁如初，异香袭人，举家欣骇。迨能言，辞气与邻儿弗类。既成童丱③，绝其游弄。厥父偏爱，因令诵书，无记应阻其宿熏，真心早萌其成现。一旦出门，徙倚④间如有所待。

　　时东山信禅师⑤邂逅至焉，问之曰："何姓名乎？"对问朗畅，区别有归，理逐言分，声随响答。信师熟视之，叹曰："此非凡童也！具体占之，止阙七大人之相⑥，不及佛矣。苟预法流，二十年后必大作佛事，胜任荷寄。"乃遣人随其归舍，具告所亲，喻之出家。父母忻然，乃曰："禅师佛法大龙，光被远迩，缁门⑦俊秀，归者如云。岂伊小骏，那堪击训，若垂虚受，固无留恡。"时年七岁也。至双峰，习乎僧业，不遑⑧艰辛。夜则敛容而坐，恬澹自居。洎受形俱，戒检精厉。

信每以顿渐之旨，日省月试之。忍闻言察理，触事忘情，痤正受尘、渴方饮水如也。信知其可教，悉以其道授之。复命建浮图，功毕，密付法衣以为质要。将知龁雪山之肥腻，构作醍醐；餐海底之金刚，栖倾巨树。拥纳之侣麋至蝉联，商人不入于化城，贫女大开于宝藏，入其趣者号东山法门⑨欤。

以高宗上元二年十月二十三日告灭，报龄七十有四。是日氛雾冥暗，山石崩圮。门弟子神秀等奉瘗全身于东山之岗也。

初，忍于咸亨初，命二三禅子各言其志，神秀先出偈，慧能和焉。乃以法服付慧能，受衣化于韶阳。神秀传法荆门、洛下，南北之宗自兹始矣。

又，信禅师尝于九江遥望双峰，见紫云如盖，下有白气，横开六歧，信谓忍曰："汝知之乎？"曰："师之法旁出一枝，相踵六世。"信甚然之。及法融化金陵牛头山，贻厥孙谋，至于惠忠，凡六人，号牛头六祖，此则四祖法又分枝矣。然融望忍则庶孽耳，安可匹嫡乎？

开元中，太子文学间丘均为塔碑焉。代宗敕谥大满禅师，塔曰法雨也。蕲春自唐季割属偏霸，暨开宝乙亥岁王师平江南之前，忍肉身堕泪如血珠焉，僧徒不测，乃李氏国亡之应也。今每岁孟冬，州人邻邑奔集作忌斋，犹成繁盛矣。其讳日将近，必雨雾阴惨，不然霰雪交霏，至日则晴朗焉。

注释

① **淮左浔阳**：今江西九江一带。

② **黄梅**：今湖北省黄梅县。

③ **童丱**："丱"，形容儿童束发成两角状。"童丱"指童年。

④ **徙倚**：流连、徘徊。

⑤ **东山信禅师**：四祖道信。

⑥ **七大人之相**：佛教认为，佛有三十二相、八十种好，有此相好，在家为转轮圣王，出家则得无上正觉。此指弘忍只缺三十二相中之七相，日后必成法器。

⑦ **缁门**："缁"即黑或紫色，僧侣多穿缁衣，因以"缁门"指佛门。

⑧ **逭**：避之意。

⑨ **东山法门**：五祖弘忍住蕲州黄梅县之黄梅山，

因该山在县之东面，又称之为东山，而把于此地传弘之弘忍学说称为东山法门。

译文

释弘忍，俗姓周，淮左浔阳（今江西九江一带）人，一说是黄梅（今湖北省黄梅县）人。其父一生未入仕途，其母刚怀孕的那一段时间，满室生光，即使是夜晚也如同白昼。他刚出世时，异香袭人，举家叹异、欢欣。到他能说话时，说话之神气、所说的话语，与其他儿童很不一样。到童年时，不喜欢一般的玩耍、游戏之类。其父对他颇偏爱，遂令其诵书，他过目成诵。每次出门，常呈徘徊状，像在等什么人似的。

有一次，东山道信禅师偶然遇到他，就问他叫什么名字，他回话敏捷，对答顺畅，道信禅师叹道："此小孩非同一般，从其相貌看，三十二大人相中只缺七相，如果日后入于佛门，必将大弘佛法。"遂派人随他去到他家里，把道信禅师的想法告诉他父母，并说想度他出家。其双亲高兴地说："禅师乃佛界大德、沙门俊秀，遐迩闻名，归者如云，岂能看上这样的顽童？如果他果真堪教，我们当然很愿意让他从您受学。"当时弘忍才七岁，便从道信受业。他修习刻苦，夜则敛容而坐，恬淡好寂。

道信常授之以顿渐之旨，弘忍闻言察理，触事忘情，学习起来如饥似渴，道信知其可教，把其道都传授给他。又令他建浮图，建成之后，密付法衣以为凭据。后来，弘忍果然大弘禅法，四方学者，纷纷前来参学、问道，其禅法号称东山法门。

　　于高宗上元二年（公元六七五年）十月二十三日入寂，世寿七十四。入寂那一天，天昏地暗，山崩地裂。后来，弟子神秀等把他埋葬于东山之山岗上。

　　咸亨初年（公元六七○年），弘忍令众弟子各进一偈以表其心得，神秀先作一偈，曰："身是菩提树，心如明镜台。时时勤拂拭，莫使惹尘埃。"慧能和之，曰："菩提本无树，明镜亦非台。本来无一物，何处惹尘埃？"弘忍认为慧能之见解比神秀高出一头，遂把法衣传授给他。慧能得到法衣后，就到南方弘扬其所学之禅法，而神秀则弘法于湖北荆门、河南洛阳一带，禅宗之分南北二宗，自此开始。

　　又，道信禅师曾于九江遥望双峰山，见紫云如盖，下有白气，横开六支，就对弘忍说："你知道这象征着什么吗？"弘忍答道："师父门下旁出一系，将传承六世。"道信赞同他的说法。后来，法融于金陵牛头山立牛头宗，后传至惠忠，共六人，号牛头六祖，此则四祖道信门下旁出之一系也。但是，与弘忍相比，法融一系是不能相提并论的。

开元年间，太子文学闾丘均为之撰写塔碑。代宗敕谥号"大满禅师"，赐其塔曰"法雨"。蕲州一带自唐末遭割据后，至开宝年间王师平定江南这一段时间，弘忍之肉身常流泪，就如血珠一般，僧徒不识其意，此乃悲李唐之将灭也。现在每年初冬，该州及邻郡之人奔集做忌斋，而每当其讳日将近时，必阴雨霏霏，或雨雪交加，但一到那天，则晴空万里。

唐韶州今南华寺慧能

释慧能，姓卢氏，南海新兴①人也。其本世居范阳②，厥考讳行瑫，武德中流于新州百姓，终于贬所。略述家系，避卢亭岛夷之不敏也。贞观十二年戊戌岁生能也，纯淑迁怀，惠性间出。虽蛮风獠俗，渍染不深，而诡行么形，驳杂难测。父既少失，母且寡居，家亦屡空，业无腴产，能负薪矣，日售荷担。

偶闻廛肆间诵《金刚般若经》，能凝神属垣，迟迟不去，问曰："谁边受学此经？"曰："从蕲州黄梅冯茂山。忍禅师劝持此法，云即得见性成佛也。"能闻是说，若渴夫之饮寒浆也，忙归，备所须留奉亲老。

咸亨中，往韶阳，遇刘志略。略有姑无尽藏，恒读《涅槃经》。能听之，即为尼辨析中义。怪能不识文字，乃曰："诸佛理论，若取文字，非佛意也。"尼深叹服，号为行者。有劝于宝林古寺修道，自谓己曰："本誓求师，而贪住寺取乎道也，何异却行归舍乎？"明日遂行，至乐昌县西石窟，依附智远禅师，侍座谈玄。远曰："行者迨非凡常之见龙，吾不知，吾不知之甚矣！"劝往蕲春五祖所印证去，"吾终于下风请教也"。

未几造焉，忍师睹能气貌不扬，试之曰："汝从何至？"对曰："岭表来参礼，唯求作佛。"忍曰："岭南人无佛性。"能曰："人有南北，佛性无南北。"曰："汝作何功德？"曰："愿竭力抱石而舂，供众而已。"如是劳乎井臼，率净人而在先；了彼死生，与涅槃而平等。

忍虽均养，心何辨知？俾秀唱予，致能知汝。偈辞在壁，见解分歧，揭厉不同，浅深斯别。忍密以法衣寄托曰："古我先师转相付授，岂徒尔哉。呜呼！后世受吾衣者命若悬丝，小子识之。"

能计回生地，隐于四会、怀集之间，渐露锋颖。就南海印宗法师《涅槃》盛集，论风幡之语，印宗辞屈而神伏，乃为其削椎髻于法性寺，智光律师边受满分戒，所登之坛即南宋朝求那跋摩三藏之所筑也。跋摩已登果位，悬记云："后当有肉身菩萨于斯受戒。"又梁末真谛三藏于坛之畔手植菩提树，谓众曰："种此后一百二十年，有开士于其下说无上乘，度无量众。"至是能爰宅于兹，果于树阴开东山法门，皆符前谶也。

上元中，正演畅宗风，惨然不悦。大众问曰："胡无情绪耶？"曰："迁流不息，生灭无常，吾师今归寂矣！"凶赴至而信。乃移住宝林寺焉。时刺史韦据命出大梵寺，苦辞，入双峰曹侯溪矣。大龙倏起，飞雨泽以均施；品物攸滋，逐根荄而受益。五纳之客③拥塞于门，四部之宾④围绕其座。时宣秘偈，或举契经，一切普熏，咸闻象藏；一时登富，悉握蛇珠；皆由径途，尽归圆极，所以天下言禅道者以曹溪为口实矣。洎乎九重下听，万里悬心，思布露而奉迎，欲归依而适愿。武太后、孝和皇帝咸降玺书，诏赴京阙，盖神秀禅师之奏举也。续遣中官薛简往诏，复谢病不起。子牟之心敢忘凤阙⑤，远公之足不过虎溪，固以此辞，非邀君也。遂赐摩纳袈裟一缘、钵一口、编珠织成经巾、绿质红晕花绵巾、绢五百匹，充供养云。又舍新兴旧宅为国恩寺焉。神龙三年，敕韶州可修能所居寺佛殿并方丈，务从严饰，赐改额曰法泉也。延和元年七月，命弟子于国恩寺建浮图一所，促令速就。以先天二年八月三日俄然示疾，异香满室，白虹属地，饭食讫，沐浴更衣，弹指不绝，气微目暝，全身永谢。尔时山石倾堕，川源息枯，鸟连韵以哀啼，猿断肠而叫咽。或唱言曰："世间眼灭，吾畴依乎？"春秋七十六矣，以其年十一月迁座于曹溪之原也。

注释

① **南海新兴**：今广东新兴县东。

② **范阳**：今河北涿县。

③ **五纳之客**：僧侣所穿衣服多为种种衣片缀纳而

成，其中自具五色，故称五纳衣。五纳之客，即指僧众。

④ **四部之宾**：指佛教四部众，比丘、比丘尼、优婆塞、优婆夷。

⑤ **凤阙**：汉代宫阙名，后泛指皇宫、朝廷。

译文

释慧能，俗姓卢，南海新兴（今广东省新兴县东）人。祖家在范阳（今河北涿县），唐武德年间，其父行瑶被贬至岭南（今广东新兴县）为平民百姓，后终于该地。贞观十二年（公元六三八年）慧能出生，虽身处蛮荒之地，但禀性清纯，聪颖异常。年纪还很小时父亲就去世了，家中只有一个老母亲，既无产业，家中屡空，慧能只好靠砍柴卖薪，以度日、养母。

有一次偶然在市井听到有人读《金刚经》，慧能一听就凝神驻足，久久不愿离去。遂问那读经之人："你是从哪里受学此经的？"那人说："从蕲州黄梅冯茂山处学来的。那里有位弘忍禅师，勤修此法，并说若能精通此法，即得见性成佛。"慧能一听到这情况，如久旱之希甘露，类渴夫之欲寒浆，匆匆赶回家里，把老母亲安顿好之后，就踏上寻法之路。

咸亨年间，到了韶阳，遇到同村之刘志略。刘志略有一个姑姑叫无尽藏，经常读诵《涅槃经》。有一天，慧能又听到无尽藏在读《涅槃经》，随即替她解说经中之义理。那无尽藏知道慧能并不识字，而听他讲义理时却头头是道，就感到十分奇怪，不料，慧能却对她说："诸佛理论，不关文字，若取文字，则非佛意。"无尽藏深为叹服，称之为行者。有人就劝他到宝林古寺修道，慧能就暗地对自己说："本来我是为求师才出来的，如果现在一改初衷住寺修道，无异于像刚出门的人，没走几步又回家去了。"后来，他又至乐昌西石窟从智远禅师学禅。几经接触，智远禅师发觉慧能乃非等闲之辈，就劝他到蕲州黄梅东山弘忍处受学。

到了黄梅东山后，就去参见弘忍。弘忍见慧能其貌不扬，就试探问他："你从何处而来？"慧能道："我从岭南新州而来，来这里向师父学做佛。"弘忍道："岭南人没有佛性，哪里能成佛？"慧能随口应道："人有南北之分，佛性则没有南北之分。"弘忍又问："你欲作何种功德？"慧能道："唯愿抱石舂米，供养大众。"于是弘忍就派他到碓房去做杂役。慧能乃贫苦出家，在碓房很能吃苦，什么杂活都争着做；了知生死与涅槃是平等的。

有一天，弘忍叫寺中的众门徒各人都作一偈，以看看各人之识见、道行。神秀先作一偈，题于壁上，各人看后，都十分赞叹，慧能却不以为然，后来自己也写了一偈，很得弘忍的赏识，遂把法衣传给他，并嘱咐他："历代承继衣钵者，都命如悬丝。"要他赶快离开该地，到南方去先隐居起来，等待时机成熟后，再出来弘法。慧能遂半夜离开黄梅东山，到南方去了。

慧能回到家乡后，隐匿于四会、怀集一带。后来见时机已渐渐成熟了，就开始出来活动。先到南海之法性寺。那一天正好印宗法师开讲《涅槃经》，万众云集，时有几个僧人对着一条随风飘动之幡在那里议论，有的说那是风在动，有的说那是幡在动，慧能插嘴道："既不是风动，也不是幡动，是你们的心在动。"听者都大吃一惊，深为叹服。印宗闻讯，乃为其削发剃度，后于智光律师处受具足戒，受戒时所登戒坛，乃南宋求那跋摩三藏所立。跋摩已登果位，他当初曾预言："日后会有肉身菩萨于此坛受戒。"此外，梁朝末年之真谛三藏也曾于此坛之旁种菩提树，并对徒众说："此后一百二十年，有大菩萨于此说无上乘，度无量众。"到慧能时，果然于此地大弘东山法门，悬应前谶。

上元年间，正当大弘禅法时，忽惨然不悦。徒众就问他："禅师何以忽然情绪异样？"慧能答道："生灭无常，迁流不息，我师今日入灭矣。"后果然很快就传来噩耗。过不久，移居宝林寺。其时刺史韦据请他往大梵寺，他苦苦辞却，乃至双峰曹溪，大弘禅法，四方学众纷纷投止，从之受学者如云，以至于当时天下言禅道者以曹溪为口实。就连武、孝和皇帝都亲下诏书，请他入朝说法，此乃神秀禅师所推荐，但慧能屡屡称疾，婉言谢绝。皇上遂赐摩纳袈裟一件，钵一口，以及许多丝绸绫绢，作为供养。又舍新兴旧宅为国恩寺。神龙三年（公元七〇七年），皇上下敕令善加修建慧能所居之寺的佛殿及方丈，并赐匾额曰"法泉"。延和元年（公元七一二年）七月，令弟子于国恩寺建浮图一所，并催促尽快建成。于先天二年（公元七一三年）八月三日示疾。其时，异香满室，用食之后，沐浴更衣，片刻时间，就气微目瞑，奄然入寂。一时间，山崩地裂，川流枯竭，鸟啼猿咽，四众悲恸。一代宗师就此撒手人世，世寿七十六。该年十一月迁葬于曹溪。

唐荆州当阳山度门寺神秀

原典

释神秀，俗姓李氏，今东京^①尉氏人也。少览经史，博综多闻。既而奋志出尘，剃染受法。后遇蕲州双峰东山寺五祖忍师，以坐禅为务，乃叹伏曰："此真吾师也。"决心苦节，以樵汲自役而求其道。

昔魏末有天竺沙门达磨者，得禅宗妙法，自释迦佛相传，授以衣钵为记，世相传付。航海而来，梁武帝问以有为之事^②，达磨贵传径门心要，机教相乖，若水投石。乃之魏，隐于嵩丘少林寺，寻卒，其年魏使宋云于葱岭见之。门徒发其冢，但有衣履而已。以法付慧可，可付璨，璨付道信，信付忍。忍与信俱住东山，故谓其法为东山法门。

秀既事忍，忍默识之，深加器重，谓人曰："吾度人多矣，至于悬解圆照，无先汝者。"忍于上元中卒，秀乃往江陵当阳山^③居焉。四海缁徒，向风而靡，道誉馨香，普蒙熏灼。

则天太后闻之，召赴都，肩舆上殿^④，亲加跪礼。内道场^⑤丰其供施，时时问道。敕于昔住山置度门寺，以旌其德。时，王公已下京邑士庶竞至礼谒，望尘拜伏，日有万计。洎中宗孝和帝即位，尤加宠重。中书令张说尝问法，执弟子礼，退谓人曰："禅师身长八尺，厖眉秀目，威德巍巍，王霸之器也。"

初，秀同学能禅师与之德行相埒⑥，互得发扬，无私于道也。尝奏天后请追能赴都，能恳而固辞。秀又自作尺牍，序帝意征之，终不能起。谓使者曰："吾形不扬，北土之人见斯短陋，或不重法。又先师记吾以岭南有缘，且不可违也。"了不度大庾岭而终。天下散传其道，谓秀宗为北，能宗为南。南北二宗，名从此起。

秀以神龙二年卒，士庶皆来送葬，诏赐谥曰大通禅师。又于相王旧邸造报恩寺，岐王范、燕国公张说、征士卢鸿各为碑诔。服师丧者，名士达官不可胜纪。门人普寂、义福并为朝野所重，盖宗先师之道也。

注释

① **东京**：唐时指洛阳，北宋时指开封。神秀之祖籍一说在河南尉氏县。

② **梁武帝问以有为之事**：据有关资料记载：菩提达磨来华抵梁京城时，曾与梁武帝有过一次交谈，梁武帝因在写经、度僧、造像等方面多有作为，就问菩提达磨："我做了这些事，有什么功德？"菩提达磨说："功德属于内在修行，这些都是有为之事，并无功德。"两

人谈得很不投机，菩提达磨就离开梁朝到北魏去了。

③ **江陵当阳山**：今湖北省当阳县东南。

④ **肩舆上殿**：指乘坐轿子上殿。

⑤ **内道场**：指皇宫内之礼佛道场。

⑥ **相埒**：相当、相等之意。

译文

　　释神秀，俗姓李，东京尉氏（今河南尉氏县）人。早年遍览经史，博学多闻。年稍长即立志离俗，削发出家。后遇蕲州双峰东山寺五祖弘忍，以坐禅为务，乃赞叹曰："此真吾师也。"遂决心从弘忍受学，以从事打柴汲水等杂役以求法。

　　在北魏末年有天竺沙门菩提达磨，得禅宗妙法，此法始自释迦付嘱迦叶之后，代代相传，以衣钵为凭据。达磨从海路来到东土，曾到梁朝会见梁武帝，因见解很不投合，遂一苇渡江，北上嵩山，止息于嵩山少林寺。入寂后不久，魏使宋云曾于葱岭遇到他。后来，其门徒掘开其墓时，墓中只有衣冠而已。达磨以法付慧可，慧可传僧璨，僧璨传道信，道信传弘忍。弘忍与道信均住于东山，故其法又称东山法门。

　　神秀既师事弘忍，颇得弘忍之赏识，曾对人说："吾一生度人甚多，就观照和对佛法理解之深刻来说，没有超过神秀的。"弘忍于上元年间（公元六七四年）入灭，神秀遂往江陵当阳山修行、弘法。四方学徒，闻风而至，道誉深隆，名闻天下。

武后得知神秀其人其学后，遂下诏召他入京，令人用轿子抬着他上殿，亲加跪礼。把他供养于内道场，时时问道致意。并下敕于他过去所住之山建度门寺，以表彰其德行。当时，王公以下诸臣僚及京城士庶等竞相参谒礼拜，人数之多，每天都数以万计。中宗即位后，尤加宠重。中书令张说曾经向他问法，执弟子礼，后来他说："禅师身长八尺，浓眉秀目，法相庄严，实有王霸之气度。"

起初，神秀的同学慧能与他的道行不相上下，之间常互相发明，共弘禅道。神秀曾经上奏武后，诏慧能入京，慧能称病固辞。神秀又上书，希望皇上再次征召慧能，但慧能始终没有接受。他曾对使者说："我形貌不扬，我担心北方人重人而不重法。而且师父曾嘱咐我与岭南有缘，我不可违背师父之遗嘱。"故他一生不度大庾岭，但其所阐扬之禅法却传遍大江南北。后来禅宗有南北二宗之分，称"南能北秀"，即神秀为代表的禅法称北宗，慧能所弘扬的禅法称南宗。

神秀于神龙二年（公元七〇六年）入寂，僧侣二界都有许多人参加他的葬礼。皇帝下诏谥号"大通禅师"。

又于相王旧宅造报恩寺，岐王范、燕国公张说、征士卢鸿都曾为他撰写碑诔。其门人普寂、义福等，并为朝野所重，实际上也是对神秀禅法之尊崇。

唐洛京荷泽寺神会

原典

　　释神会，姓高，襄阳①人也。年方幼学，厥性惇明，从师传授五经，克通幽赜。次寻庄老，灵府廓然。览《后汉书》，知浮图之说，由是于释教留神，乃无仕进之意，辞亲投本府国昌寺颢元法师下出家。其讽诵群经，易同反掌，全大律仪，匪贪讲贯②。闻岭表曹侯溪慧能③禅师盛扬法道，学者骏奔，乃敩④善财南方参问⑤，裂裳裹足，以千里为跬步之间耳。

　　及见，能问会曰："从何所来？"答曰："无所从来。"能曰："汝不归去？"答曰："一无所归。"能曰："汝太茫茫。"答曰："身缘在路。"能曰："由自未到。"答曰："今已得到，且无滞留。"居曹溪数载，后遍寻名迹。

　　开元八年，敕配住南阳龙兴寺，续于洛阳大行禅法，声彩发挥。先是，两京⑥之间皆宗神秀，若不淰之鱼鲔附沼龙也。从见会明心六祖之风，荡其渐修之道矣，南北二宗时始判焉，致普寂之门盈而后虚。天宝中，御史卢弈阿比于寂，诬奏会聚徒疑萌不利，玄宗召赴京。时驾幸昭应汤池，得对言理允惬，敕移往均部⑦。二年，敕徙荆州开元寺般若院住焉。

十四年，范阳安禄山举兵内向，两京版荡，驾幸巴蜀。副元帅郭子仪率兵平殄，然于飞挽索然⑧，用右仆射裴冕权计，大府各置戒坛度僧，僧税缗谓之香水钱，聚是以助军须。初洛都先陷，会越在草莽，时卢弈为贼所戮，群议乃请会主其坛度。于时寺宇宫观，鞠为灰烬，乃权创一院，悉资苫盖，而中筑方坛，所获财帛顿支军费。代宗、郭子仪收复两京，会之济用颇有力焉。肃宗皇帝诏入内供养，敕将作大匠并功齐力，为造禅宇于荷泽寺中是也。会之敷演，显发能祖之宗风，使秀之门寂寞矣。

上元元年，嘱别门人，避座望空，顶礼归方丈，其夜示灭。受生九十三岁矣，即建午月十三日也。迁塔于洛阳宝应寺，敕谥大师曰真宗，塔号般若焉。

注释

① 襄阳：今湖北省襄阳市。

② 匪贪讲贯：不喜讲说之意。

③ 岭表曹侯溪慧能：曹溪慧能。

④ 敩：通"学"。

⑤ 善财南方参问：善财乃佛弟子名，据说他南行参五十三善知识而证入法界。

⑥ 两京：东京与西京。唐时长安称西京，洛阳称

东京。

⑦ **均部**：均州。

⑧ **飞挽索然**：指军饷短缺。

译文

　　释神会，俗姓高，襄阳（今湖北襄阳）人。年幼时，就聪颖异常，从师传授五经，颇晓经中深奥义理。后来又研学老庄之学，洞入幽微。读《后汉书》时，始知有佛教学说，遂留恋佛法，而无仕进之意，后辞别双亲投国昌寺颢元法师门下出家。他讽诵诸经，博览群论，精通戒律，但不喜讲说。听说岭南曹溪慧能在大弘禅法，学人云集，乃仿效善财之五十三参，不远万里，前往曹溪投拜慧能。

　　当他见到慧能时，慧能问他："从何处来？"神会答道："无所从来。"慧能又问："你不回去吗？"神会又答道："一无所归。"慧能再问："如此岂不来无踪，去无迹？"神会答道："学生一生随缘任运。"慧能又问："现在还未到达你所想到的地方吧？"神会答道："已经到了。"自此之后神会在曹溪慧能处修习数载，后又遍寻名山古寺，参访问道。

　　开元八年（公元七二〇年），敕住南阳龙兴寺，后又到洛阳一带大弘禅法，声誉日隆。起初，两京（即洛阳、长安）一带皆宗神秀，自从神会阐扬慧能南方主顿禅法后，逐渐扼制住主渐之北方禅法，禅法南北二宗之分开始明朗化，致使弘传神秀禅法的普寂之门盈而后虚。天宝年间，御史卢奕为了讨好普寂，上奏诬陷神会聚徒惑众，图谋不轨，玄宗下诏召其入京。后来皇上驾临昭阳汤池，神会应诏与皇上谈论佛法，深得皇上赏识和欢心，遂下敕移住均州。天宝二年（公元七四三年），敕徙荆州开元寺般若院居住。

天宝十四年，范阳安禄山作乱，两京动荡，皇帝逃至四川。副元帅郭子仪率兵征讨，但军饷短缺，采用右仆射裴冕的建议，大府各置戒坛度僧，以度牒所收钱物充作军饷。起初洛阳先陷落，当时神会在乡下，而卢奕为贼所杀，大家建议请神会来主持度僧之事。是时寺宇宫观都毁于兵火，乃暂建一寺，只用一些草编之物作屋顶，室中筑一坛，所获财帛用作军需。代宗、郭子仪收复两京，多有神会济助军需之功。肃宗时召神会入内道场供养，并为之造禅寺于荷泽寺中。神会之弘法，颇能阐发慧能之宗风，大盛一时，使得神秀一系相形见绌。

上元元年（公元七六〇年）五月十三日，嘱咐门人，避座望空，顶礼后归方丈，那一天夜里即入灭，世寿九十三。后来，迁塔于洛阳宝应寺，敕谥号曰"真宗"，塔号"般若"。

唐温州龙兴寺玄觉

释玄觉，字明道，俗姓戴氏，汉末祖侃公第五、燕公九代孙，讳烈，渡江乃为永嘉①人也。总角②出家，龆年③剃发，心源本净，智印全文，测不可思，解甚深义。我与无我，恒常固知，空与不空，具足皆见。既离四病④，亦服三衣⑤。德水沐其身，所以清净；良药治其眼，所以光明。兄宣法师者，亦名僧也，并犹子⑥二人，并预缁伍。

觉本住龙兴寺，一门归信，连影精勤，定根确乎不移，疑树忽焉自坏。都捐我相，不污客尘。睹其寺旁别有胜境，遂于岩下自构禅庵。沧海荡其胸，青山拱其背。蓬莱仙客，岁月往还；华盖烟云，晨昏交集。粤若功德成就，佛宝郁兴；神钟震来，妙屋化出。觉居其间也，丝不以衣，耕不以食，岂伊庄子大布为裳，自有阿难甘露作饭。觉以独学孤陋，三人有师，与东阳策禅师肩随，游方询道，谒韶阳能禅师而得旨焉。

或曰"觉振锡绕庵答对"⑦，语在别录。至若神秀门庭，退征问法，然终得心于曹溪耳。既决所疑，能留一宿，号曰一宿觉，犹半遍清也。

以先天二年十月十七日于龙兴别院端坐入定，怡然不动，僧侣悲号。以其年十一月十三日殡于西山之阳，春秋四十九。

初觉未亡前，禁足于西岩，望所住寺喟然叹曰："人物骈阗，花舆荟蔚，何用之为！"其门人吴兴兴师、新罗国宣师数人同闻，皆莫测之。寻而述之曰："昔有一禅师，将诸弟子游赏之次，远望一山，忽而唱曰：'人物多矣。'弟子亦不测。后匪久此师舍寿，殡所望地也。"西山去寺里有余程，送殡繁拥，人物沸腾，其感动也若此。又未终前，有舒雁千余飞于寺西，侍人曰："此将何来？"空中有声云："为师墓所，故从海出也。"弟子惠操、惠特、等慈、玄寂，皆传师之法，为时所推。后李北海邕为守括州，遂列觉行录为碑，号神道焉。觉唱道着明，修证悟入，庆州刺史魏靖都缉缀之，号《永嘉集》是也。

初觉与左溪朗公为道契，朗贻书招觉山栖，觉由是念朗之滞见于山，拘情于讲，回书激劝，其辞婉靡，其理明白。俾其山世一如，喧静互用，趣入之意，暗诠于是，达者韪之。终，敕谥号无相，塔曰净光焉。

注释

① **永嘉**：今浙江永嘉县。

② **总角**：古代未成年人把头发扎成髻，此指童年。

③ **龆年**：指童年。

④ **四病**：佛教认为人在追求最高觉悟过程中，容易犯四种毛病：（一）作病，心作种种妄念；（二）任病，即随缘任性，放荡无所归；（三）止病，止妄即真之意，即欲永息诸念以求圆觉之病；（四）灭病，即欲永灭一切烦恼心身，令根尘永寂以求圆觉之病。

⑤ **三衣**：指印度僧团准许僧人拥有的三种衣服，即僧伽梨（大衣）、郁多罗僧（上衣）和安陀会（内衣）。

⑥ **犹子**：侄子。

⑦ **觉振锡绕庵答对**：《永嘉集》有杨亿撰所写《无相大师行状》："初到，振锡携瓶，绕祖三匝。祖曰：'夫沙门者，具三千威仪，八万细行，大德自何方而来，生大我慢？'师曰：'生死事大，无常迅速。'祖曰：'何不体取无生，了无速乎？'曰：'体即无生，了本无速。'祖云：'如是！如是！'"

译文

释玄觉，字明道，俗姓戴，汉末祖侃公第五子、燕公九代孙，后移居永嘉，遂为永嘉人。童年就削发出家，心源本净，智慧出众，善解深奥之经典及义理，精通我与无我、空与不空诸玄理。……其兄宣法师，亦一代名僧，他与其兄之子同时进入佛门。

起初住于龙兴寺，修习精勤，为同门之僧众所归信，善达空理，不污客尘。他看到该寺旁边别有胜境，遂于岩下自造一禅庵，临水靠山，独自在那里刻苦修习，以大布为衣，以甘露作饭，孤然独处，一心禅观。后来，他觉得如此孤居独处，对于修习也许不一定有利，正如古人所说："三人行，必有我师。"遂与东阳策禅师结伴，游方询道，参谒韶阳能禅师（即慧能）而得南宗禅之要旨。

也有一种说法，曰：当玄觉去参拜慧能时，振锡携瓶，绕慧能三匝。慧能就说："沙门具三千威仪、八万细行，你从何地而来，竟生如此大慢？"玄觉答道："生死事大，无常迅速。"慧能又说："何不体取无生，了达无速？"玄觉道："体即无生，了本无速。"慧能说："正是这样，正是这样。"其时在座的僧众听他们此一番议论，无不愕然。而玄觉刚参拜过慧能后，就要辞别而去。慧能就问他："回去得太快了吧！"玄觉说："本来就没有来，不存在回去得太快的问题。"慧能道："谁知道本来就没有来？"玄觉道："所谓来去，只是你自己所妄生之分别。"慧能道："你甚得无生之旨意。"玄觉进一步说："无生岂有旨意！"慧能道："若无旨意，谁当分别？"玄觉道："分别亦非意。"慧能赞叹道："善哉！善哉！"因玄觉在与慧能对话后，慧能曾留他住一宿，故史上有"一宿觉"之称。玄觉虽然亦曾问法于神秀一系之禅师，但其所得于心者，则是慧能之南宗禅。

先天二年（公元七一三年）十月十七日于龙兴别院端坐入寂，怡然不动，僧侣悲号。十一月十三日葬于西山南面，世寿四十九。

玄觉生前在西岩修习时，曾望所住寺院而喟然长叹，曰："人物辐凑，花木荟萃，又何用之有！"其门人吴兴兴法师、朝鲜国宣法师等都听到他的这一慨叹，但都不解其意。后来他又说："过去有一禅师，带着诸弟子游学，远望一山，忽然叹道：'人物多矣。'弟子不解其意。后来此禅师入灭了，葬于他所望的那座山。"玄觉所葬之西山，离寺院有一里多路，出殡那一天，人山人海，其道行动众，一至于此。又，未终之前，有雁千余只从寺西飞过，侍者说："这些雁是因何而来的？"当时只听到空中有声音道："为禅师择墓地，故从海那边飞过来了。"弟子惠操、惠特、等慈、玄寂等，皆传其禅法，为世所重。后来李北海邕守括州，遂列玄觉之事迹于碑文之中，称之为神道。玄觉平生所说禅语，后来庆州刺史魏靖编辑成册，号《永嘉集》。

当时，玄觉与左溪朗公为道友，朗公曾致书玄觉，

请他到他所住之山栖息、修习，玄觉觉得朗有滞于山，
着情于讲解，曾回书劝朗公，其言辞甚婉转，而寓意
很明确。可见其学熔山中世间、出世入世于一炉，有识
之士都十分赞叹其人其学。后受谥号"无相"，其塔曰
"净光"。

唐京兆慈恩寺义福

原典

释义福，姓姜氏，潞州^①铜鞮^②人也。幼慕空门，黍累世务，初止蓝田^③化感寺，处方丈之室凡二十余年，未尝出房宇之外。后隶京师慈恩寺，道望高峙，倾动物心。

开元十一年，从驾往东都，经蒲^④、虢^⑤二州，刺史及官吏、士女皆赍幡花迎之，所在途路充塞，拜礼纷纷，瞻望无厌。

以二十年卒，有制谥号曰大智禅师，葬于伊阙之北。送葬者数万人，中书侍郎严挺之躬行丧服，若弟子焉，又撰碑文。神秀禅门之杰，虽有禅行，得帝王重之无以加者，而未尝聚徒开法也。洎乎普寂始于都城传教二十余载，人皆仰之。

初福往东洛，召其徒戒其终期，兵部侍郎张均、太尉房琯、礼部侍郎韦陟常所信重，是日皆预造焉。福乃升堂，为门人演说，且曰："吾没日昳，当为此决别耳。"久之，张谓房曰："某夙岁饵金丹，未尝临丧。"言讫，张遂潜去。福忽谓房曰："与张公游有年矣。张公将有非常之咎，名节皆亏。向来若终此法会，足以免祸。惜哉！”乃提房手曰：“必为中兴名臣，其勉之！”言讫而终。后张均陷贼庭也，受其伪官，而房翼戴两朝，毕立大节，皆终福之言矣。

注释

① 潞州：今山西省长治市。

② 铜鞮：今山西沁县。

③ 蓝田：今属陕西省。

④ 蒲：今山西永济县。

⑤ 虢：今河南西部。

译文

释义福，俗姓姜，潞州铜鞮（今山西省沁县）人。年纪还很小时就向往空门，遂尽去世俗之事，止住于蓝田（今陕西省蓝田县）化感寺，在方丈室一住就是二十余年，很少走出丈室之外。后来移住于慈恩寺，德高望重，遐迩闻名。

开元十一年（公元七二三年）随驾往东都洛阳，经蒲州（今山西省永济市）、虢州（今河南省西部）时，刺史及沿途之官吏、仕女等，皆持幡举花迎接他，欢迎者人山人海，塞满道路，争相观瞻，礼拜频频。

开元二十年（公元七三二年）入灭，后敕谥号曰

"大智禅师"，葬于伊阙（今河南龙门）之北。送葬者数万人，中书侍郎严挺之亲披丧服，如其弟子一般，并为之撰写碑文。神秀禅门之俊杰而又得帝王之崇重无以复加者，义福其人也。他虽有禅行，但未尝聚徒说法，至普寂才开始于都城传教授徒二十余年，四方学者都十分崇仰。

义福临终时，在东都洛阳召集其门人说法，并对他们说："我很快就要入寂了，现在同各位诀别。"那一天，平时对他一直很敬重之兵部侍郎张均、太尉房琯、礼部侍郎韦陟等，都到了他住处。听了义福的话后，张均就对房琯说："我平时常食金丹，何不也拿一粒来让法师一吃。"言讫，张均遂悄悄离去。义福突然对房琯说："我与张均交游已久，张公将来必有非常之过失，名节俱亏，若能终此法会，则可免此灾祸，真是太可惜了！"遂提起房琯的手，曰："阁下日后必是中兴之名臣，好好努力吧！"言讫而终。后来张均为敌军所掳获，并担任了伪臣；而房琯辅佐二朝，终立大功，正应义福之言。

唐京师兴唐寺普寂

释普寂，姓冯氏，蒲州①河东人也。年才稚弱，率性轩昂，离俗升坛，循于经律。临文揣义，迥异恒流。初闻神秀在荆州玉泉寺，寂乃往师事，凡六年。神秀奇之，尽以其道授焉。久视中，则天召神秀至东都论道，因荐寂，乃度为僧。及秀之卒，天下好释氏者，咸师事之。中宗闻秀高年，特下制令普寂代本师统其法众。

开元二十三年，敕普寂于都城居止。时王公大人竞来礼谒。寂严重少言，来者难见其和悦之容，远近尤以此重之。二十七年，终于上都兴唐寺，年八十九。时都城士庶谒者皆制弟子之服。有制赐谥曰大慧禅师②。及葬，河南尹裴宽及其妻子，并缞麻列于门徒之次。倾城哭送，闾里为之空焉。

裴尹之重寂，职有由矣。寂之阐化，神异颇多，裴皆目击，又得心印，归向越深。时多讥诮，裴日夕造谒，执弟子礼曾无差脱。一日诣寂，寂悬知弟子一行之亡。及寂之终灭，裴之悲恸若丧所亲，缞经③徒步出城，妻子同尔，搢绅之讥生于是矣。

① **蒲州**：今山西省永济市。

② **大慧禅师**：《大正藏》本作"大慧"，《望月大辞典》及《国译一切经》均作"大照"，疑"大慧"为讹误。

③ **缞绖**：此指穿丧服。

译文

释普寂，俗姓冯，蒲州（今山西省永济市）人。幼年时就离俗出家，精研经律，于经律义理之理解，远出群伦。听说神秀在荆州玉泉寺弘法，遂前往师事之。在神秀处参学了六年，颇得神秀之赞赏，尽将其道传授给他。久视年间，则天武后召神秀到东都洛阳讲经弘法，神秀就推荐普寂，遂剃度为僧。待神秀入寂之后，天下释子学人，纷纷师事于普寂。在神秀年事已高时，中宗曾下敕令普寂代统法众。

开元二十三年（公元七三五年），又敕普寂于都城居住。当时王公大臣竞相前来礼谒。普寂其人寡言少语，为人严肃持重，前去拜谒者很难看到他的笑容，大家反而因此更尊重他。开元二十七年，终于上都兴唐寺，世寿八十九。京城士庶在前去瞻仰其遗容时，皆着弟子之服。后敕谥号曰"大照禅师"。出葬那一天，河南尹裴宽及其妻、子，都披麻戴孝，京城僧俗二界都前去送葬，一时间万人空巷，恸哭之声，震天动地。

　　裴宽之崇重普寂，事出有因。盖普寂在其弘法期间，颇多神异，裴宽皆亲眼目睹，又曾得其心印，故归向越深。当时社会上颇有讥诮之语，但裴宽日夕拜谒，执弟子之礼毫不差脱。有一次他去拜谒普寂时，普寂预知其弟子一行将入寂。普寂迁化后，裴宽如丧考妣，亲率妻、子披麻戴孝，把普寂送出城门，由是社会上更生讥诮。

唐南岳观音台怀让

释怀让，俗姓杜，金州安康①人也。始年十岁，雅好佛书，炳然殊姿，特有灵表，识者占是出家相，非染俗贵。人宝来瑞，国庆无疆，方之麟凤龟龙，无万数也。天地无全功，气序有盈虚，纲维缺坏，补塞不足，皆冥维密祐，惟应度者乃烛厥理，非庸庸所知也。弱冠诣荆南②玉泉寺，事恒景律师，便剃发受具。叹曰："夫出家者为无为法，天上人间无有胜者，经之所谓出四衢道露地而坐也。"时坦禅师乃劝让往嵩丘觐安公，安启发之，因入曹侯溪，觐能公。能公怡然，无馨无臭，洪波泛臻大壑之广乎？韶濩③合奏大乐之和乎？让之深入寂定，住无动道场，为若此也。能公大事缘毕，让乃跻衡岳，止于观音台。时有僧玄至拘刑狱，举念愿让师救护。让早知而勉之，其僧脱难，云是救苦观音，得斯号也亦由此焉。化缘斯尽，传法弟子曰道峻，曰道一，皆升堂睹奥也。其后一公振法鼓于洪州，其门弟子曰惟宽、怀晖。道一大缘将讫，谓宽等曰："吾师之道，存乎妙者也，无待而常，不住而至，能事集矣。金口所生，从法而化，于我为子，及汝为孙，一灯所传，何有尽者？"

让以仪凤二年生，至天宝三载八月十日终于衡岳，春秋六十八，僧腊四十八。一公建塔于别峰。

元和中，宽、晖至京师，扬其本宗，法门大启，传百千灯。京夏法宝鸿绪，于斯为盛。至八载，衡阳太守令狐权问让前迹，权舍衣财以充忌斋。自此每岁八月为观音忌焉。宝历中，敕谥大慧禅师，塔号最胜轮。元和年中常侍归登撰碑云。

注释

① **金州安康**：今陕西省汉阴县。

② **荆南**：今湖北省江陵一带。

③ **韶濩**：也作"韶护"，古乐名。

译文

释怀让，俗姓杜，金州安康（今陕西汉阴县）人。十岁时，就喜读佛书，很有灵性，形神也颇异常人，占家言其是出家之相，不是被世俗富贵污染的人。……二十岁去荆南玉泉寺，师事恒景律师，并从之剃度受戒。曾叹道："出家者为无为法，天上人间无有比这更为殊胜的……"当时坦禅师乃劝他往嵩丘参谒安公，安公启发他，让他去曹溪参拜慧能。后从慧能受学南宗禅法。……慧能入寂后，怀让就往南岳衡山，止住于观音台。当时有僧玄至被捉入牢，希望怀让禅师能救护于他。后来该僧果然脱难，认为是被观音菩萨所救，其台则因此而得名。禅师入寂之后，传法弟子有道峻、道一，都是当时较著名的禅师。其后道一禅师振法鼓于洪州，其门下弟子曰惟宽、怀晖。道一将入灭时，曾对惟宽道："吾师之道，极是微妙，无待而常，不住而至。金口所生，从法而化，我乃其法子，而你等则是其法孙，一灯代代相传，将永无尽期。"

怀让于仪凤二年（公元六七七年）生，至天宝三年（公元七四四年）终于南岳，世寿六十八，僧腊四十八。其后学道一禅师为之建塔于别峰。

元和年间，惟宽、怀晖至京城，弘扬其学，宗门大启，传灯百千。京都一带禅法隆盛，其时为最。至元和八年（公元八一三年），衡阳太守令狐权问及怀让禅师生前之事迹，并舍衣财以做忌斋。自此之后，每年八月为观音忌日。宝历年间，敕谥号曰"大慧禅师"，塔号"最胜轮"。元和年间中常侍归登又为之撰写碑文。

唐润州幽栖寺玄素

原典

　　释玄素，字道清，俗缘马氏，润州延陵①人也。生有异度，幼而深仁，乳育安静。髫龀希尚，求归释门，父母从之，出依净域。以如意年中，始奉制度，錄名于江宁长寿寺。进具已后，戒光腾烛，定水澄涟，思入玄微，行逾人表。既解色空，常慕宗匠。晚年乃南入青山幽栖寺，因事威禅师，躬历弥载，撞钟大鸣。威诲以胜法，得其不刊之旨。从是伏形苦节，交养恬和，败纳衬身，寒暑不易，贵贱怨亲，曾无喜愠，时目之为婴儿行菩萨。道业既高，人希瞻礼。

　　开元年中，僧注密②请至京口，郡牧韦铣屈居鹤林，四部归诚，充塞寺宇。素纳衣空床，未尝出户，王侯稽首，不为动摇。顾世名利，犹如幻焉。忽于一日，有屠者来礼谒，自生感悟，忏悔先罪，求请素明中应供，乃欣然受之，降诣其舍。士庶惊骇，咸称："异哉！"素曰："佛性是同，无生岂别？但可度者，吾其度之，何异之有？"

　　天宝之初，吴越瞻仰如想下生。扬州僧希玄请至江北，窃而宵遁。黑月难济，江波淼然，持舟拟风。俄顷有白光一道，引棹直渡，通波获全。楚人相庆佛日再耀。倾州奔赴，会于津所。人物拒道，间无立位，解衣投施，积若山丘。略不干其怀抱，令悉充悲田之费。礼部尚书李憕为扬州牧，斋心虔虔，二时瞻近。未几而京口道俗思渴法音，仍移牒渡江，再请还郡。二处纷诤，莫决所从。李时谓人曰："本期奉道，反成爱憎。"因任从所请，却归南郡，其感物慕德，罕有与伦。

以天宝十一载十一月十一日中夜，无疾而化，春秋八十有五。哀感人伦，恸彻城市。以其月二十一日奉全身建塔于黄鹤山西所住之地。方伯、邑宰尽执丧师之礼，率众申哀，江湖震响。素往于寺内坐禅之所，高松偃覆如盖，及移他树，还互如前。又当舍寿之夕，房前双桐无故自枯。识者以为双林之变。但真乘妙理，绝相难思，嘉瑞灵祥，应感必有。经云："随缘赴感。"即其事也。

有门弟子法鉴及吴中法钦，此二大士重光道原，金具别传。受菩萨戒弟子吏部侍郎齐浣、广州都督梁卿、润州刺史徐峤、京兆韦昭理、给事中韩赏、御史中丞李舟、礼部崔令钦，并道流人望，咸款师资，亦尝问道于径山，犹乐正子春于夫子，洗心瞻仰，天汉弥高。水鉴明心，悟深者众矣。洎大和中，远慕遗风，高其令德，追谥大律禅师，大和大宝杭之塔。后人多以俗氏召之曰马祖，或以姓名兼称曰马素是也。

① **润州延陵**：今江苏省武进县。

② **注密**："注"字，《大正藏》本及《国译一切经》均作"汪"字。

译文

释玄素，字道清，俗姓马，润州延陵（今江苏省武进县）人。生有异常之气度，幼年即深仁而乐静。童年即希离尘俗，求归释门，父母从之，遂出家为僧，于如意年间，止住于江宁长寿寺。受具足戒后，戒行精进，定业勤修，思入幽微，三学俱修。既悟得色空，经常希慕宗匠。晚年乃入青山幽栖寺，师事威禅师，经过几年潜心修行后，道业大有长进。威禅师常诲以胜法，终于承受其不刊之旨。自此之后，他更加伏形苦节，锐意修习，破衲布衣，寒暑不易，贵贱怨亲，皆所不顾，时人称之为"婴儿行菩萨"。道业既高，前去参学问道者日多。

开元年间，受汪密之延请，移住京口；郡牧韦铣对他十分崇敬，四方学者，纷纷前往礼谒，一时僧俗二界人士，充塞寺院。玄素平时衲衣空床，足不出户，王侯致礼，不为所动。视世间之名誉利禄，犹如空花幻影。

忽然有一天，有一屠夫前来礼谒，自生感悟，悔恨以往所犯之罪过，要求玄素接受他的供养，玄素欣然同意，后来，又亲自到他寓所。众人都大惑不解，皆称："异哉！"玄素道："佛性对一切人都是相同的，只要是可教化、济度的，我都济度之，何异之有？"

天宝初年，吴越一带前去瞻仰、问道者如云。扬州僧人希玄请他至江北，他夜里悄悄而行，到了江边，江水浩渺，风浪甚大，加之云重天黑，伸手不见五指，眼看很难过江。突然间天空出现一道白光，他遂驾舟渡江，不一会儿工夫，就到了对岸。江北之人十分高兴，争相前去听他说法。……当时，李憕为扬州牧，对玄素十分崇敬，礼拜甚勤，自从玄素走了之后，扬州一带的人很思念他，希望能再听到他的弘法传教，遂把玄素再请回扬州。但没有多久，江北人士又前来请玄素，往返再三，遂致两岸人士因此而起纷争，玄素本人也不知如何是好。李憕就说："大家都是诚心奉道，结果反成纷争。"因此就决定请玄素自己决定住何处，玄素考虑再三，最后还是回到江南。

天宝十一年（公元七五二年）十一月十一日夜里，玄素无疾而化，世寿八十五。倾城悲恸，哀号震天。于当月二十一日奉全身建塔于黄鹤山西所住之地。当地的官吏们都行丧师之礼，率众致哀，朝野震动。玄素往日坐禅之寺院里，高松参天，枝叶如盖。当他谢世那一天晚上，房前之两棵梧桐树突然枯萎，识者都称这是"双林"之变。……

玄素的弟子有法鉴、法钦，此二人后弘传其学，其事迹另具别传。从之受菩萨戒者，有吏部侍郎齐浣、广州都督梁卿、润州刺史徐峤、京兆韦昭理、给事中韩赏、御史中丞李舟、礼部崔令钦等，这些人都是在家大德，朝中要员，对玄素都十分敬重。自大和年间以后，僧俗二界又远慕其遗风，崇尚其德操，朝廷追谥"大律禅师"之号，塔号"大和大宝杭之塔"。后人多因他俗家之姓马氏而称之为"马祖"，或以姓名兼称，曰"马素"。

唐均州武当山慧忠

释慧忠，俗姓冉氏，越州诸暨^①人也。孰辨甲子？或谓期颐^②之年。肌肤冰雪，神宇峻爽。少而好学，法受双峰，默默全真，心承一印，行无住相。历试名山，五岭、罗浮、四明、天目，白崖倚帝，紫阁摩穹，或松下安居于九旬，或嵌空息虑于三昧。既悬明月之戒，亦净琉璃之心，已度禅定之门，不起无生之见。嶷若苏庐，八风莫能动；清如净鉴，万象何所隐？可止也我，则武当千峰狎于麋鹿；可行也我，则虎溪一径分卫人间。薄游吴楚，以至于顺阳川焉。卜居党子之林泉，四十余祀；深入法王之圣定，八万广门。道声洋乎，力量充矣！

开元年中，刺史前中书侍郎开国公王琚、司马太常少卿赵颐贞，信潭以清，闻风而悦，税驾扣寂，杳然虚空。礼足散金银之华，不异弥伽长者^③，执手见微尘之佛，等毗目仙人^④。上奏玄宗，征居香刹，则龙兴寺也。由是罢相、节使、王公、大人，罔不膜拜顺风，从而问道。忠博达诂训，广穷经律，降魔制外，孰之与京？不可以威畏，不可以利动，曒日而食，对月澄心，清风飞霜，劲节凌竹，辞检理诣，折彼幔幢。……

肃宗皇帝载定区夏，闻其德高，以上元二年正月十六日敕内给事孙朝进驲骑迎请。其手诏曰："皇帝信问，朕闻调御上乘以安中土，利他大士共济群生。师以法鉴高悬，一音演说，藏开秘密，境入圆明。大悲不惓于津梁，至善必明于兼济。尊雄付嘱，实在朕躬。思与道安宣扬妙用，广滋福润，以及大千。传罔象之玄珠，拔沉迷之毒箭，良缘斯在，勿以为劳。仗锡而来，京师非远。斋心已久，副朕虚怀。春寒，师得平安好！遣书指不多及。"忠常以道无不在，华野莫殊，遂高步入宫，引登正殿。霜杖初下，日照龙衣，天香以焚，风飘羽盖。时忠骧首接武，神仪肃若。

天子钦之，待以师礼。奏理人治国之要，畅唐尧、虞舜之风。帝闻竦然，膝之前席。九龙洒莲华之水，万乘饮醍醐之味。从是肩舁上殿，坐而论道，不拘彝典也。寻令骠骑朱光辉宣旨，住千福寺。相国崔涣从而问津，理契于心，谈之朝野。识真之士，往往造焉。洎夫宝应临御，以孝理国，匪移前眷，划开万里之天，若见三江之月。又敕内侍袁守宏迎近阙下光宅寺安置，香饭云来，紫衣天降。虽使臣拥禅门而不进，御府列玉帛而盈庭，了之如泡，观之若梦，澹然闲任，自乐天倪。……常以思大师有言："若欲得道，衡岳、武当。"

因奏武当山请置太一延昌寺，白崖山党子谷置香严长寿寺，各请藏经一本，度僧护持……至大历八年，又奏度天下名山僧中取明经、律、禅法者，添满三七人。道门因之，羽服缁裳，罔不庆怿。数盈万计，用福九重也。

忠往在南阳，陷于贼境，固请回避，皆不允之。临白刃而辞色无挠，据青云而安坐不屈。魁帅观其禅德淡若，风韵高逸，投剑罗拜，请师事焉。于时避寇遇寇者众矣。无何，群盗又至，乃曰："未可以踵前也。"遂杖锡发趾，沿江而去。有效其先踪，坚住不避者，尽被诛戮。则知云物气象，有如先觉，存而不论，道何深也！金籍曰"般若无知而无不知"，斯之谓欤！内德既充，外应弥广，自藏珍宝，人莫之窥。於戏，论龙奋迅，而毱多不知，忉利雨花，而明彻莫识。前贤厌世，正眼随灭，不亦悲夫！

忽疾将亟，国医罔效，自知去辰。众问后事，乃曰："佛有明教，依而行之，则无累矣，吾何言哉？"粤十年十二月九日子时，右胁累足，泊然长往。所司闻奏，皇情悯焉，中使临吊，赙赠甚厚，敕谥号曰大证禅师。有诏归葬于党子之香严寺，循其本也。威仪手力，所在支给，具饰终之礼，哀恸梵场也。敕常修功德使、检校殿中监、兴唐寺沙门大济，早接道论，豁如披云，虽非门人，哀逾法嗣。凡有敷奏，圣旨允焉。在家弟子开府孙知古并弟内常侍朝进、居士景超昆季等，僧弟子千福寺志诚、光宅寺智德、香严寺主道密等，凡数万人，痛石室之末筹，悲云峰之耸塔，晨钟徒击于高殿，夕梵空奏于前山。哲人云亡，畴将仿仰！译经沙门飞锡为碑纪德焉。

注释

① **越州诸暨**：今浙江诸暨。

② **期颐**：指百岁之人。

③ **弥伽长者**：意译为"能降伏"，善财童子所参五十三善知识之一。

④ **毗目仙人**：又称"毗目瞿沙仙人"，善财童子所参五十三善知识之一。

译文

释慧忠，俗姓冉，越州诸暨（今浙江诸暨）人。生卒年月不详，或说他活了一百多岁。慧忠肌肤白皙，神宇峻爽，少而好学，受法于双峰（即五祖弘忍），传禅宗心印，行无住相。遍访名山，四处参学，五岭、罗浮、四明、天目，他无所不至。或松下安居，或石窟打坐……游化于吴楚各地……

开元年间，刺史前中书侍郎开国公王琚、司马太常少卿赵颐贞等，对他十分崇敬……上奏玄宗，玄宗遂下敕诏之锡住龙兴寺。自此之后，王公大臣等无不膜拜、致礼，从之问道。慧忠博达训诂，广习经律，弘法降物，莫之能比。其之为人，不可以威惧，不可以利动，刚直淡泊，劲节清风。……

唐肃宗即位时，闻其高德，于上元二年（公元七六一年）正月十六日敕内给事孙朝进迎请他进宫。肃宗手诏曰："朕闻调御上乘以安中土，利他菩萨共济群生。法师道行高深，境界圆明，善开秘藏，广弘正法。大悲不倦于津梁，至善必明于兼济。尊雄付嘱，实在朕躬。愿法师如道安，广弘慈悲之大法，利济群生，盛传像教之玄理，拯救凡愚。诚恳希望法师能仗锡来京，以遂朕心。时下春意犹寒，法师请多保重，致书难得尽说，余不一一。"……

慧忠入京后，甚得肃宗之崇敬，待以师礼。皇帝每有咨询，则奏治国治民之要，畅述唐尧、虞舜之风。皇上都细心聆听，十分恭敬。后来皇上特允许他乘轿上殿，坐而论道，不受世俗礼仪之限制。其后，皇帝令骠骑朱光辉宣旨，敕住千福寺。相国崔涣也从之问道，理契于心，谈之朝野。有识之士，也纷纷前去参学问道。再后来，又下敕内侍袁守宏把慧忠迎至临近皇宫之光宅寺居住，供养丰渥。慧忠虽然荣极当时，朝臣常去参拜致礼，玉帛珠宝盈于寺院，但他恬淡淡然，视若泡影，世俗之利禄声名丝毫不动于心。……于佛教学说上，他主张佛性无所不在，无情也有佛性。他因慧思大师曾说："若欲得道，衡岳、武当。"遂上奏皇上，请求于武当置太一延昌寺，于白崖山党子谷置香严长寿寺，各请藏经一本，度僧护持……大历八年（公元七七三年），又奏度天下名山僧众中精通经、律、禅者，添满三十七人。一时，佛法隆盛，国人蒙益。

后来，慧忠前往南阳，陷入贼境，再三请求回避，皆不同意，临白刃而容不改色，无所畏惧。贼人首领见其禅德淡若，风韵高逸，遂投剑致拜，请师事之。当时，避贼遇贼的人众多。后来，又遇群盗，遂仗锡沿江而去。慧忠其人，内德充盈，道行高深，一般人很难窥其深奥。……

大历十年（公元七七五年），慧忠忽然身患疾病，国医也无力医治，自知不久于人世。众人就请慧忠留下遗嘱，他说："佛有明教，大家依之而行可矣，我又需要说什么呢？"此年十二月九日子时，右胁累足，泊然长往。官府上奏皇上，皇上甚是悲痛，特遣中使临吊致哀，馈赠十分丰厚，并敕谥号"大证禅师"，下诏归葬于党子谷香严寺。一切费用，均由国库开支。僧侣二界参加其葬礼者甚众，痛哭之声，震天动地。兴唐寺沙门大济很早就从之受学，虽非其法嗣，但悲痛有过之而无不及。其在家弟子开府孙知古并其弟内常侍朝进、居士景超兄弟，僧弟子千福寺志诚、光宅寺智德、香严寺寺主道密等都悲痛万分，译经沙门飞锡为之撰写了碑铭，以志纪念。

唐南岳石头山希迁

原典

释希迁，姓陈氏，端州高要①人也。母方怀孕，不喜荤血。及生岐嶷，虽在孩提，不烦保母。既冠，然诺自许，未尝以气色忤人。其乡洞獠，民畏鬼神，多淫祀，率以牛酒，祚作圣望。迁辄往毁丛祠，夺牛而归，岁盈数十，乡老不能禁其理焉。闻大鉴禅师②南来，学心相踵，迁乃直往。大鉴衎然持其手，且戏之曰："苟为我弟子，当肖。"迁追尔而笑曰："诺。"既而灵机一发，廓若初霁。自是上下罗浮，往来三峡间。

开元十六年，罗浮受具戒，是年归就山，梦与大鉴同乘一龟，泳于深池。觉而占曰："龟是灵智也，池是性海也。吾与师乘灵智游性海久矣，又何梦邪？"后闻庐陵③清凉山思禅师为曹溪补处，又摄衣从之。当时思公之门，学者麇至。及迁之来，乃曰："角虽多，一麟足矣。"

天宝初，始造衡山南寺。寺之东有石，状如台，乃结庵其上，杼载绝岳，众仰之，号曰石头和尚焉。初，岳中有固、瓒、让三禅师，皆曹溪门下，金谓其徒曰："彼石头真师子吼，必能使汝眼清凉。"由是门人归慕焉。或问解脱，曰："谁能缚汝？"问净土，曰："谁能垢汝？"其答对简速，皆此类也。广德二年，门人请下于梁端。自江西主大寂，湖南主石头④，往来憧憧，不见二大士为无知矣。

贞元六年庚午岁十二月二十五日顺化，春秋九十一，僧腊六十三。门人慧朗、振朗、波利、道悟、道铣、智舟相与建塔于东岭。塔成三十载，国子博士刘轲素明玄理，钦尚祖风，与道铣相遇，盛述先师之道。轲追仰前烈，为碑纪德，长庆中也。敕谥无际大师，塔曰见相焉。

注释

① **端州高要**：今广东高要县。

② **大鉴禅师**：慧能。

③ **庐陵**：今江西吉安县。

④ **江西主大寂，湖南主石头**：大寂，即马祖道一，唐宪宗谥其号为"大寂禅师"；石头，即希迁。

译文

释希迁，俗姓陈，端州高要（今广东省高要县）人。其母怀孕时，不喜荤食。希迁生下来后，自小就很懂事，不曾给家人带来什么麻烦。二十岁时虽颇自许，但从不以气色忤人。其乡当时属边远地区，当地百姓敬畏鬼神，多淫祀，常用牛酒做祭品。希迁对这种祭祀很反感，曾捣毁当地的祠堂，把要祭祀的牛牵回来，有时一年之中牵回数十头牛，乡里的长者也拿他没办法。当他听说大鉴禅师（即慧能）南下弘法时，从之受学者甚多，希迁就前往投学。见到慧能后，慧能曾拉住他的手，同他开玩笑道："如果要做我的弟子，当做得像样些。"希迁笑而答道："好的。"自此之后，灵机一发，好像雨后初晴一样，往返于罗浮，穿梭于三峡。

开元十六年（公元七二八年），在罗浮山受具足戒，当年归就山，梦见与慧能同乘一龟，泳于深池。醒后占梦曰："龟是灵智之物，池是性海，我与慧能师父同乘灵智游于性海已久，又何须做梦？"后来听说吉州青原山行思深得慧能禅法心要，又前往依之受学。当时行思之门，学人云集，待希迁到后，行思则说："角虽多，一麟足矣。"

天宝初年，始往衡山南寺。该寺之东有一石，其状如台，乃结庵其上，故后来有石头希迁之号。起初，岳中有固、瓒、让三禅师，皆慧能门下，都对他们的徒众说："那个石头和尚，乃真狮子吼也，定能使你等大开眼界。"因此几位禅师之门人都很崇仰他。有人向他询问解脱事，他说："谁能缚你？"问净土事，曰："谁能使你污垢？"其答对之直截了当，皆类此。广德二年（公元七六四年），应门人之请，至梁端弘扬禅法。当时，江西崇重马祖道一，湖南推崇石头希迁，学人以不见二大士为无知。

贞元六年（公元七九〇年）十二月二十五日入寂，世寿九十一，僧腊六十三。门人慧朗、振朗、波利、道悟、道铣、智舟等相继建塔于东岭。塔成后三十年，国子博士刘轲素明玄理，钦尚祖风，与道铣相遇，盛述先师之道。刘轲追仰前烈，为其树碑纪德，这乃长庆年间的事。后敕谥号曰"无际禅师"，塔曰"见相"。

唐洪州开元寺道一

释道一，姓马氏，汉州①人也。华以喻性，不植于高原；浪以辩识，发明于溟海。生而凝重，虎视牛行。舌过鼻准，足文大字。根尘虽同于法体，相表特异于幻形。既云在凡之境，亦应随机之教。年方稚孺，厌视尘躅②，脱落爱取，游步恬旷，削发于资州唐和尚，受具于渝州圆律师。示威仪之旨，晓开制之端，浣衣锻金，观门都错。大龙香象，羁绊则难。权变无方，机缘有待。

闻衡岳有让禅师，即曹溪六祖之前后也，于是出岷峨玉垒之深阻，诣灵桂贞篁之幽寂。一见让公，泯然无际，顿门不俟于三请，作者是齐于七人。以为法离文字，犹传蠹露，圣无方所，亦寄清源，遂于临川③栖南康、龚公二山，所游无滞，随摄而化。先是，此峰岫间魑魅丛居，人莫敢近，犯之者灾衅立生。当一宴息，于是有神衣紫玄冠致礼言："舍此地为清净梵场。"语终不见。自尔猛鸷毒螫，变心驯扰④；呇贪背憎，即事廉让。

郡守河东裴公家奉正信，躬勤咨禀。降英明简贵之重，穷智术慧解之能。每至海霞敛空，山月凝照，心与境寂，道随悟深。自明者在乎周物，博施者期乎济众。居无何，裴公移典庐江⑤、寿春⑥二牧，于其进修惟勤，率化不坠。大历中，圣恩溥洽，籍名于开元精舍。其时连率路公聆风景慕，以钟陵之壤，巨镇奥区，政有易柱之弦，人同凑毂，禅宗庆止⑦，降祥则多，顺而无违。居仅十祀，日临扶桑，高山先照；云起肤寸，大雨均沾。建中中，有诏僧如所籍，将归旧壤。元戎鲍公密留不遣。

至戊辰岁，举措如常，而请沐浴。讫，俨然加趺归寂，享年八十，僧腊五十。……弟子智藏、镐英、崇泰等奉其丧纪，宪宗追谥曰大寂禅师，丹阳公包佶为碑纪述，权德舆为塔铭。

注释

① **汉州**：今四川广汉市。

② **厌视尘躅**：指厌恶尘俗之事。

③ **临川**：今江西抚州市南。

④ **驯扰**：驯服之意。

⑤ **庐江**：今安徽省合肥市。

⑥ **寿春**：今安徽省寿县。

⑦ **庆止**：来到之意。

译文

释道一，俗姓马，汉州（今四川广汉市）人。花以喻性，不生于高原；浪以辨识，发明于大海。道一生而凝重，多有异相，根尘虽同于法体，相表自异于幻形。既是在凡之境，就当随机应教。才在童年，有脱尘离俗之气概。后来削发于资州唐和尚处，并于渝州圆律师处受具足戒。……

听说南岳有怀让禅师，乃六祖慧能之后学，于是越过重重险阻，出川参访怀让。到南岳，遂结庵坐禅，一坐数日，怀让就问他："坐禅图什么？"他说："图做佛。"怀让听后，就拿一块砖在庵前石头上磨。道一感到莫名其妙，就问他："磨砖做什么？"怀让说："磨砖做镜。"道一就说："磨砖岂能做镜？"怀让趁机开导他："磨砖既不能做镜，坐禅岂能成佛？"道一闻后，豁然有悟。后侍奉其师十年后才离开南岳，到临川（今江西抚州市南）栖止南康（今江西赣县）、龚公山游化。在此以前，龚公山有许多鬼神怪物，人迹罕至，有进此山者马上遭殃，但自道一至此山坐禅之后，有一紫衣神灵向他致礼道："愿舍此地为清净道场。"说完后就不见踪影。自此之后，此山中的毒蛇猛兽等，都变得十分温驯。

当时之郡守河东裴公，一家世代崇奉佛法，他对道一十分崇敬，常常向他请教禅法。……后来，裴公调任庐江（今安徽合肥）、寿春（今安徽寿县）后，仍然时时向道一请益，精勤修习。大历年间，蒙皇上恩赐，他移住于开元精舍。其时连率路公对他也很崇敬，频频向他请益；钟陵（今江西省进贤县）一带，学者云集，道一之禅法，至此盛极一时。……

贞元四年（公元七八八年），身体康健，举措如常，而忽然请求沐浴。沐浴后更衣结跏趺坐，奄然而化，世寿八十，僧腊五十。……弟子智藏、镐英、崇泰等传其法嗣。宪宗时追谥曰"大寂禅师"，丹阳公包佶为之撰写碑文，权德舆为之撰写塔铭。

唐荆州天皇寺道悟

释道悟，姓张氏，婺州东阳^①人也。受天粹气，为法王子，生而神俊，长而谨愿。年十四，金翅始毛，麒麟方角，启白尊老，将求出家，慈爱之旨，不见听许。辄损薄常膳，日唯一食，虽体腹羸馁，弥年益坚。父母不获已而许之。遂往明州大德剃落。年二十五，依杭州竹林寺大德具戒。以勇猛力，扶牢强心，于六度门，修诸梵行。常以为疗膏肓者资上妙药，开暗冥者求善知识，不假舟楫，其济渡乎？遂蹶然振策，投径山国一禅师。悟礼足始毕，密受宗要。于语言处，识衣中珠，身心豁然，真妄皆遣。断诸疑滞，无畏自在，直见佛性，中无缁磷。服勤五载，随亦印可，俾其法雨润诸丛林。悟蓄力向晦，窀入深阻，实冀一飞摩霄。乃转遁于余姚大梅山，是时大历十一年也。

层崖绝壑，天籁萧瑟，夐无邻落，七日不食。至诚则通，物感乃灵，猱猨觳觫，更馈橡栗。异日野夫操斧，言伐其楚，偶所遭睹，骇动悚息，驰谕朋曹，谓为神奇。曾不旬朔，诣者成市。凭嵌倚峭，且构危栋，赍粮供具，环绕方丈。猛虎眈眈，侣出族游，一来座侧，敛折肢体，其类驯扰可知也。夫语法者无阶渐，涉功者有浅深，木逾钻而见火，鉴勤磨而照胆，理必然矣。是以扫尘累，遁岩薮，服形体，遗昼夜，精严不息，趣无上道，其有旨哉！如是者三四年矣。

将翔云表，虑羽毛之颓铩；欲归宝所，疑道涂之乖错。故重有咨访，会其真宗。建中初，诣钟陵马大师，二年秋，谒石头上士。於戏！自径山抵衡岳，凡三遇哲匠矣。至此即造父②习御，郢人③运斤，两虚其心，相与吻合。白月映太阳齐照，洪河注大海一味，仲尼谓颜子亚圣，然灯与释迦授记，根果成熟，名称普闻，如须弥山特立大海。繇是近佛，恢张胜因，凡诸国土，缘会则答。始卜于澧阳，次居于澋口，终栖于当阳④柴紫山，即五百罗汉翱翔地也。柽松蓊郁以含风，崖巘巉岩而造天，驾潋滟之紫霞，枕清冷之玉泉。鸾凤不集于蓬藋，至人必宅于势胜，诚如是也。洪钟待叩，童蒙求我，川流星聚，虚往实归。或接武于林樾，或骈肩于庐舍，户外之屦，烂其室盈矣。荆州雄藩也，都人士女动亿万计，莫不擎跪稽首，向风作焉。崇业上首以状于连帅而邀之，不违愿力，聿来赴请。屐及于虚落，锡及于都城。白黑为之步骤，幡幢为之辚辚，生难遭想，得未曾有。彼优波鞠多者，夫何足云！

有天皇寺者，据郡之左，标异他刹，号为名蓝，困于人火，荡为煨烬。僧坊主灵鉴族而谋之，以为满人攸居，必能福我。夫荷担大事，蔑弃小瑕。乃中宵默往，肩舆而至。二寺夕有所失，朝有所得，诤论锋起，达于尊官。重于返复，毕安其处。江陵尹右仆射裴公，搢绅清重，拥旄统众，风望眄睐，当时准程，驱车盛礼，问法勤至。悟神气洒落，安详自处，徐以软语，为之献酬，必中精微，洞过肯綮。又常秉贞操，不修逢迎，一无卑贵，坐而揖对。裴公讶其峻拔，征其善趣，谓："抗俗之志当径挺如是邪？"悟以为："是法平等，不见主客，岂效世谛，与人居而局狭邪？"裴公理冥意会，投诚归命。既见仁者，我心则降，如热得濯，躁愦冰散。自是禅宗之盛，无如此者！元和丁亥岁有背痛疾，命弟子先期告终，以夏四月晦[⑤]，奄然入灭，春秋六十，僧腊三十五。以其年八月五日葬之郡东隅，灵龛建塔，从僧礼也。

悟身长七尺，神韵孤杰，手文鱼跃，顶骨犀起。行在于《璎珞》，志在于《华严》，度人说法，雄健猛利。其一旨云："垢净共住，水波同体。触境迷着，浩然忘归。三世平等，本来清净。一念不起，即见佛心。"其悟解超顿，为若此也。

注释

① **婺州东阳**：今浙江金华。

② **造父**：古代善御者。

③ **郢人**：郢匠，古代楚国郢都之巧匠。

④ **当阳**：今湖北省当阳县，在湖北省西部。

⑤ **晦**：阴历月末。

译文

　　释道悟，俗姓张，婺州东阳（今浙江金华）人。秉天地之灵气，生而神俊。十四岁时，就萌生离俗之志，请求出家。父母对他甚是宠爱，舍不得他离开，便没有同意他的请求。他见父母没答应，就坚持每天只吃一顿饭，久而久之，身体逐渐虚弱，但其离俗出家之意志更加坚定。父母看到这种情况，只好同意了他的请求。他遂往明州出家。二十五岁，依杭州竹林寺大德受具足戒。自此之后，他六度兼修，梵行愈坚。常以为要治疗重病，须上等妙药；如欲开冥蒙，当求善知识；不借于舟楫，焉能渡河？遂投径山国一禅师。他礼拜过后，国一禅师知他是大法器，乃授之宗要，顿时身心豁然，真妄皆遣，断诸疑滞，直见佛性。在径山止住五年，尽得门师印可。羽翼丰满之后，他就很想翱翔于太空之中，于是在大历十一年（公元七七六年）前往余姚大梅山。

那个地方悬崖绝壁，人迹罕至，他七日不食，感动了那些珍禽异兽，争相向他馈赠野果。有一次，有樵夫前去该地砍柴，偶然遇到了他，十分诧异，赶快回去报告乡邻、官府，大家都感到很神奇。消息传开后，没多长时间，前去朝拜的人络绎不绝。大家帮他在山岩上盖起房舍，给他带去了厨具、粮食、菜蔬等，他就在那里修禅静坐。老虎经常来到他的座侧，十分温驯地卧在他旁边。夫语法者无阶渐，修道者有深浅，木愈钻而火愈生，镜愈磨而照愈明，此乃理之必然也。所以他扫尘累，遁岩薮，服形体，不分昼夜，精勤修习，欲直趣无上道。如此修习了三四年。

将欲翱翔太空，怕羽翼之颓折，希冀直趣宝所，恐路途之乖错，因此他拟四方寻访，会其真宗。建中初年（公元七八〇年），遂前往钟陵拜谒马祖道一。建中二年秋，又前去礼谒石头希迁。自径山而衡岳，三遇哲匠，至此道悟之于禅法，如造父之御乘，郢匠之运斧，炉火纯青，出神入化。仲尼谓颜子曰"亚圣"，燃灯与释迦授记，根果成熟，名声普闻。自此之后，他四处弘化，大阐禅法。始居澧阳，次居漳口，最后锡住当阳（今湖北省当阳县）柴紫山，即五百罗汉翱翔之地。是处山形险峻，松柏参天，溪水清澈，百鸟云集，至人必居胜地，诚如是也。四方学者，纷纷前往参访、问道，一时间，人来人往，门庭若市。……

当地有一天皇寺，位于该郡旁边，也是当时天下一名刹，但被祝融光顾，毁于一旦。道悟受该寺之延请，驻锡该寺，重振禅风。当时之江陵尹裴公，乃缙绅之士，崇重佛法，名重一方，经常向道悟请教禅法。道悟神气洒落，安详自处，每每不卑不亢，坐而揖对。裴公对他之峻拔极表赞叹，曰："抗俗之志本当如此也。"道悟认为："是法平等，不见主客，岂能如世俗一般，尊贵而卑贱呢？"……元和丁亥年（公元八〇七年）患背疾，令弟子先期告终，于当年四月月末奄然入灭，世寿六十，僧腊三十五。当年八月五日葬于郡东边，众弟子奉龛起塔。

道悟身高七尺，神韵朗拔，手纹鱼跃，顶骨隆起。行在于《璎珞》，志在于《华严》，度人说法，雄健猛利。其禅法的一个重要思想是："垢净共住，水波同体。触境迷着，浩然忘归。三世平等，本来清净。一念不起，即见佛心。"其悟解超顿，一至于此。

唐新吴百丈山怀海

原典

释怀海，闽人①也。少离朽宅，长游顿门，禀自天然，不由激劝。闻大寂始化南康，操心依附，虚往实归，果成宗匠。后檀信②请居新吴界，有山峻极，可千尺许，号百丈欤。海既居之，禅客无远不至，堂室隘矣。且曰："吾行大乘法，岂宜以诸部阿笈摩③教为随行邪？"或曰："《瑜伽论》《璎珞经》是大乘戒律，胡不依随乎？"海曰："吾于大小乘中博约折中，设规务归于善焉。"乃创意不循律制，别立禅居。

初自达磨传法至六祖已来，得道眼者号长老，同西域道高腊长者呼须菩提也。然多居律寺中，唯别院异耳。又令不论高下，尽入僧堂。堂中设长连床，施椸架挂搭道具。卧必斜枕床唇，谓之带刀睡，为其坐禅既久，略偃亚而已。朝参夕聚，饮食随宜，示节俭也。行普请法，示上下均力也。

长老居方丈，同维摩之一室也。不立佛殿，唯树法堂，表法超言象也。其诸制度，与毗尼师一倍相翻，天下禅宗如风偃草。禅门独行，由海之始也。以元和九年甲午岁正月十七日归寂，享年九十五矣。穆宗长庆元年，敕谥大智禅师，塔曰大宝胜轮焉。

注释

① **闽人**：福建省福州人。

② **檀信**：檀那，意译为布施，此处指施主。

③ **阿笈摩**：亦作"阿含"，意译为教法、法藏。

译文

释怀海，闽（福建省福州市）人。少年出家，长游顿门。闻大寂禅师在南康（今江西赣州市）大弘禅法，就前往参学，后果然成一代宗匠。大寂禅师入灭之后，受信众之请，往新吴（今江西奉新县）一带弘法。那里有一座山，极是险峻，高达千余尺，号称"百丈"。怀海就住在那座山上，不久，四方学者纷纷前来求学请益，盛极一时。有人说："我们所行乃大乘法，怎能以诸部教法为随行呢？"也有人说："《瑜伽论》《璎珞经》是大乘戒律，怎能不依随呢？"怀海道："我对大小乘的有关内容进行糅合折中，所制定的禅规以令人归善为准则。"乃不循旧制，刻意创新，别立禅居。

自菩提达磨传法至六祖慧能以来，得法要者称为长老，有如西域称那些道高腊长之高僧为须菩提一样。所不同的只是，多居住于律寺之中、僧堂之内，堂中设长连床，卧必斜枕床唇，谓之带刀睡，这主要用于长时间的坐禅之后，略事歇息。大众朝参夕聚，饮食随宜，以示节俭。常行普请法，以示上下均力。

长老居方丈，如同维摩之一室。不立佛殿，只建法堂，表示法超言相。其诸制度，与传统律制颇多差异，当时的禅宗，皆遵从这些清规，其始创者，怀海其人也。元和九年（公元八一四年）正月十七日入寂，世寿九十五。穆宗长庆元年（公元八二一年）敕谥"大智禅师"，塔曰"大宝胜轮"。

唐南阳丹霞山天然

释天然，不知何许人也。少入法门，而性梗慨，谒见石头禅师，默而识之，思召其自体得实者，为立名天然也。乃躬执爨①，凡三年，始遂落饰。后于岳寺希律师受其戒法，造江西大寂会。寂以言诱之，应答雅正，大寂甚奇之。次居天台华顶三年，又礼国一大师。

元和中，上龙门香山，与伏牛禅师为物外之交。后于慧林寺遇大寒，然乃焚木佛像以御之。人或讥之，曰："吾荼毗舍利。"曰："木头何有？"然曰："若尔者，何责我乎？"元和三年，晨过天津桥，横卧，会留守郑公出，呵之不去。乃徐仰曰："无事僧。"留守异之，乃奉束素衣两袭，月给米面。洛下翕然归信。

至十五年春，言"吾思林泉"，乃下南阳丹霞山结庵。以长庆四年六月告门人曰："备沐浴，吾将欲行矣。"乃戴笠策杖入屦，垂一足，未及地而卒，春秋八十六。膳部员外郎刘轲撰碑纪德焉。敕谥智通禅师，塔号妙觉。

① 爨：烧火煮饭。

译文

释天然，不知何许人也。其人秉性耿直，很小的时候就进入佛门，拜谒了石头希迁，禅师默而识之，并为之立名曰天然。起初，天然在石头禅师处做杂役，三年后才蒙落发为僧。后于南岳希律师处受戒，不久，又往造江西大寂禅师。大寂以言诱导之，他对答雅正，大寂甚感诧异。再后，他居于天台华顶三年，又礼谒国一大师。

元和年间，上龙门香山，与伏牛禅师为物外之交。后于慧林寺时，因天气十分寒冷，遂烧木佛像以御寒，遭到大众的非议，但他却说："我烧木佛是为了求舍利。"当有人对他说"木头哪有舍利"时，他则说："既然如此，烧之又何妨？"元和三年，他一大早到天津桥，横卧于桥上，正好留守郑公从那里经过，见有人横卧于桥上，就大声呵斥他。他慢悠悠地说："我乃无事僧也。"郑公颇感奇异，乃送了他两件素衣，并每月供给他米面。白此之后，洛阳一带有不少百姓归信于他。

至十五年春，他说："我向往林泉矣。"遂往南阳丹霞山结庵。他于长庆四年六月告诉门人曰："请准备热水等以供我沐浴，我要去了。"乃戴笠策杖穿屐，刚垂下一足，还未落地，就奄然而化，世寿八十六。膳部员外郎刘轲为之撰写碑文，记其德行。后来皇上下敕，赐谥号曰"智通禅师"，塔号"妙觉"。

唐池州南泉院普愿

原典

释普愿，俗姓王，郑州新郑^①人也。其宗嗣于江西大寂，大寂师南岳观音让，让则曹溪之冢子也，于愿为大父，其高曾可知也，则南泉之禅有自来矣。愿在孕，母不喜荤血。至德二年，跪请于父母乞出家，脱然有去羁鞅之色。乃投密县大隈山大慧禅师受业，苦节笃励，胼胝^②皲瘃，不敢为身主，其师异之。

大历十二年，愿春秋三十矣，诣嵩山会善寺皓律师受具，习相部旧章，究毗尼篇聚之学。后游讲肆，上楞伽顶，入华严海会，抉《中》《百》《门》观之关钥，领玄机于疏论之外。当其锋者，皆旗靡辙乱。

大寂门下八百余人，每参听之后，寻绎师说，是非纷错，愿或自默而语，群论皆弭，曰："夫人不言乃言尔耳。"自后舍景匿耀，似不能言者，人以其无法说，或扣其关，亦坚拒不泄。时有密赜其机者，微露头角，乃知其非无法说，时未至矣。

贞元十一年，挂锡池阳^③南泉山，堙谷刊木，以构禅宇。蓑笠饭牛，溷于牧童。斫山畬田，种食以饶。足不下南泉三十年矣。夫洪钟不为莛撞发声，声之者，故有待矣。

太和年初，宣使陆公亘、前池阳太守皆知其抗迹尘外，为四方法眼，与护军彭城刘公同迎请下山，北面申礼。不经再岁，趼衣之子奔走道途，不下数百人。

太和甲寅岁十月二十一日示疾。十二月二十三日，有白虹贯于禅室后峰，占之者：得非南泉谢世乎？是日西峰巨石崩，声数十里。当昼，有乳虎绕禅林而号，众咸异之。二十五日东方明，告门人曰："星翳灯幻亦久矣，勿谓吾有去来也。"言讫而谢，春秋八十七，僧腊五十八。契元、文畅等凡九百人，皆布衣墨巾，泣血于山门。赴丧会葬者相继于路，哀号之声震于崖谷。乙卯岁，门人奉全身于灵塔，从其教也。膳部员外郎、史馆修撰刘轲钦若前烈，追德颂美焉。

注释

① **新郑**：今河南省新郑市。

② **趼胝**：俗称"老茧"，手掌或足底因长期劳动或奔波留下之厚茧。

③ **池阳**：今陕西泾阳西北。

译文

释普愿，俗姓王，郑州新郑（今河南新郑市）人。

其法系出自江西大寂，大寂之师是南岳怀让，而怀让则是曹溪慧能之传人，对于普愿来说，慧能禅师称得上是法祖了，可见普愿之禅法颇有渊源。普愿还在娘胎里时，其母亲就不喜欢吃荤。至德二年（公元七五七年），跪于父母面前请求出家，且有一种非走不可之气概，父母遂同意了他的请求，乃投密县大隈山大慧禅师，从之受业。他任劳任怨，修行十分刻苦，其师感到很奇异。

大历十二年（公元七七七年），普愿三十岁时，往嵩山会善寺依皓律师受戒，习相部旧章，研究戒律篇聚之学。后来参加了许多法会，上楞伽顶，入华严会，参究诸论，领悟玄机，也经常参加各种论辩，皆所向披靡。

大寂门下有弟子八百余人，每次听师说法之后，大家各陈师意及是非纷错，唯普愿默默无语，大家才领悟道："不言者才是真言也。"自此之后，普愿更木讷寡言，直似哑巴一般。有人以为他没有什么好说的，就多方试探他，他执意不言。或有暗中观察他，引诱他说点什么的，他也只言其一，不说其二，很难得其要领，众人才知道他并不是没有什么好说的，而是时机未到而已。

贞元十一年（公元七九五年），驻锡于池阳（今陕西泾阳西北）南泉寺，填谷伐木，以构禅宇。之后，他常头戴蓑笠，上山放牛，有若牧童。开山种田，自给自足。三十年间足不下南泉一步。此乃洪钟不必强撞方才发声矣。

太和元年（公元八二七年）初，宣城使者陆公亘、前池阳太守皆知其抗迹尘外，乃四方法眼，与护军彭城刘公等迎请他下山，对他极是礼敬，还不到一年时间，从之受学者不下数百人。

太和甲寅年（公元八三四年）十月二十一日示疾，十二月二十三日，有白虹贯于禅室后之山峰上，占卜曰："可能是南泉要谢世了。"那一天西峰巨石崩落，声彻数十里外，有小虎绕禅林悲号，大众都极感诧异。二十五日天刚亮，他对门人说："星翳灯幻亦久矣，不要认为我有去来。"言讫而化，世寿八十七，法腊五十八。契元、文畅等九百多人，皆布衣黑巾，泣于山门。前去参加葬礼者塞满道路，哀号之声震荡山谷。乙卯岁（公元八三五年），门人奉全身于灵塔。膳部员外郎、史馆编修刘轲对他更是钦敬无比，撰文追德颂美。

唐赵州东院从谂

释从谂，青州临淄①人也。童稚之岁，孤介弗群，越二亲之羁绊，超然离俗，乃投本州龙兴伽蓝，从师翦落。寻往嵩山琉璃坛纳戒。师勉之听习，于经律但染指而已。闻池阳愿禅师道化翕如，谂执心定志，钻仰忘疲。南泉密付授之，灭迹匿端，坦然安乐。后于赵郡开物化迷，大行禅道。以真定帅王氏阻兵，封疆多梗，朝廷患之。王氏抗拒过制，而偏归心于谂。谂尝寄尘拂上王氏曰："王若问何处得此拂子？"答道："老僧平生用不尽者物。"凡所举扬，天下传之，号赵州法道。语录大行，为世所贵也。

注释

① **临淄：**今山东省淄博市。

译文

释从谂，青州临淄（今山东淄博）人。童年时就有异常伦，厌恶尘俗，断然离开双亲，投本州龙兴寺从师落发。后来又往嵩山琉璃坛受戒。师父劝他多读诵、听习，但他常一听而已，不多留意。听说池阳普愿禅师禅法隆盛，遂往而投之，于普愿禅师处，他刻苦钻研，深究禅法。普愿禅师遂密付道旨，他既得心印，却又装得若无所得，坦然安乐。后来于赵州郡开物化迷，大弘禅道。……他常以"公案"问答、示众（如"狗子佛性""赵州柏树子"等），都脍炙人口，天下流传。

唐大沩山灵祐

原典

释灵祐，俗姓赵，祖父俱福州长溪①人也。祐丱年戏于前庭，仰见瑞气祥云，徘徊盘郁，又如天乐清奏，真身降灵，衢巷谛观，耆艾莫测。俄有华巅之叟，状类罽宾之人，谓家老曰："此群灵众圣标异。此童，佛之真子也，必当重光佛法。"久之，弹指数四而去。祐以椎髻②短褐，依本郡法恒律师执劳，每倍于役。冠年剃发，三年具戒。时有钱塘上士义宾授其律科。

及入天台，遇寒山子于途中，乃谓祐曰："千山万水，遇潭即止。获无价宝，赈恤诸子。"祐顺途而念，危坐以思。旋造国清寺，遇异人拾得，申系前意，信若合符。遂诣泐潭谒大智师，顿了祖意。

元和末，随缘长沙，因过大沩山，遂欲栖止。山与郡郭十舍而遥，夐无人烟，比为兽窟。乃杂猿猱之间，橡栗充食。浃旬，有山民见之，群信共营梵宇。时襄阳连率李景让统摄湘潭，愿预良缘，乃奏请山门号同庆寺。后相国裴公相亲道合。祐为遭会昌之澄汰，又遇相国崔公慎由崇重加礼。

以大中癸酉岁正月九日盥漱毕，敷座瞑目而归灭焉，享年八十三，僧腊五十九。迁葬于山之右栀子园也。四镇北庭行军、泾原等州节度使、右散骑常侍卢简求为碑，李商隐题额焉。

注释

① **福州长溪**：今福建省霞浦县。
② **椎髻**：椎形之发髻。

译文

释灵祐，俗姓赵，祖父与父亲均是福州长溪（今福建省霞浦县）人。灵祐童年在前庭游戏时，仰见瑞气祥云在头上盘绕，又似有天乐齐鸣，真身降灵，街上的人都往他头上看，连那些长者也不明白究竟是什么原因。后来，有一相貌似西域人的长者对他家的长辈说："此是众圣显灵的标志，此小孩乃真佛子，日后必定大弘佛法。"过后，弹指数四而去。后来，灵祐头结发髻，身穿短褐，在本郡法恒律师那里做事，做得很卖力。二十岁时披剃出家，三年后受具足戒。当时钱塘义宾法师授其律科。

后来，他去了天台，在路上遇到寒山子。寒山子对他说："千山万水，遇潭即止。获无价宝，赈恤诸子。"灵祐一路上都在思考着寒山子对他说的这番话。到天台国清寺后，又遇见拾得，拾得又对他说了类似的话，遂往沩潭拜谒大智禅师（即怀海）。在那里，他很快就领悟了怀海的禅学思想。

元和末年，随缘往长沙，过大沩山时，就产生了在那里栖息的念头。此寺离郡有十舍之遥（古时以三十里为一舍），渺无人烟，到处是狼穴兽窟。他就寓居于群兽之中，以山果为食。过了一段时间后，有山民发现了他，告知乡里百姓，诸信众遂替他营建寺舍。当时襄阳连率李景让统管湘潭一带，颇赞赏灵祐之禅法，遂上奏请求赐其山门号同庆寺。后来，相国裴休崇尚其道，与他关系颇密切。会昌法难时，又有相国崔公慎由对他崇重加礼。

大中七年（公元八五三年）正月九日，灵祐洗漱完毕，敷座瞑目而入灭，世寿八十三，僧腊五十九。后来其墓迁至山右之栀子园。散骑常侍卢简求曾为他撰写碑铭，李商隐为之题写匾额。

唐朗州德山院宣鉴

　　释宣鉴，姓周氏，剑南①人也。生恶荤膻，少多英敏，宿赍异操，恳愿出尘。大龙不屈于小庭，俊鹗必腾其层汉，既除美饰，当预僧流。从受近圆，即穷律藏，其诸性相，贯习偕通。闻重湖间禅道大兴，乃抗志云游，造龙潭信禅师，则石头宗师之二叶也。始唯独居一室，鉴强供侍之。

　　一夕，龙潭持一枝火授鉴，鉴接而行数步，且曰："久闻龙潭到来，龙之与潭，俱不见钦？"信曰："子亲到矣。"机与教符，日亲丈室三十余年。后止澧阳，居无何，属武宗搜扬。洎大中还复法仪。

　　咸通初②，武陵太守薛延望坚请，始居德山，其道芬馨，四海禅徒辐凑。伏腊，堂中常有半千人矣。其于训授，天险海深，难窥边际。雪峰参见，鉴深肯重。以咸通六年乙酉岁十二月三日，忽告诸徒曰："扪空追响，劳汝神邪？梦觉觉非，复有何事？"言讫安坐而化。春秋八十四，僧腊六十五。身据床坐，卓然七日如生在焉。天下言激箭之禅道者，有德山门风焉。今襄、邓、汉东法孙极盛者是钦。

① **剑南**：今四川涪江以西、大渡河流域，以在剑阁之南故名。

② **咸通初**：应为大中初年之误。

译文

释宣鉴，俗姓周，剑南（今四川涪江以西）人。出生之后，就厌恶荤腥，少年时聪颖机敏，以宿植慧根故，从小就希望离俗出家。大龙不屈于小庭，鲲鹏当翱翔于太空，既离尘俗，当预僧流。起初，精研律藏，闻重湖间禅道大兴，乃前往参学游访，拜谒龙潭信禅师。信禅师属石头希迁之法系。起初他独居一室，宣鉴强求前去侍候他。

有一天傍晚，龙潭禅师拿一根蜡烛宣鉴，宣鉴接过后行走了数步，说道："久闻龙潭到来，龙之与潭，俱不见矣？"信禅师道："子亲到矣。"他在方丈室侍候龙潭三十多年。后来去了澧阳，没住多久，遇到会昌法难，武宗灭佛，他避难于独浮山之石室。

大中初年（公元八四七年）应武陵太守薛延望之请，始居德山，盛弘禅法，大振宗风，四方学众云集，蔚为天下一大丛林。不论三伏腊月，堂中徒众常有数百人。其道风险峻，常人难窥其涯际。雪峰曾参见他，颇受宣鉴之赏识。于咸通六年（公元八六五年）十二月三日，忽告大众曰："扪空追响，劳汝神邪？梦觉觉非，复有何事？"言讫安坐而化。世寿八十四，僧腊六十五。死后身据床坐，七日如生。天下言激箭之禅道者，有德山之门风。现在襄、邓、汉东一带还有他的许多弟子，宗风犹盛。

唐真定府临济院义玄

原典

　　释义玄，俗姓邢，曹州南华①人也。参学诸方，不惮艰苦。因见黄檗山运禅师②，鸣啄同时，了然通彻，乃北归乡土。俯徇赵人之请，住于城南临济③焉。罢唱经论之徒，皆亲堂室，示人心要，颇与德山相类。

　　以咸通七年丙戌岁四月十日示灭。敕谥慧照大师，塔号澄虚。言教颇行于世，今恒阳号临济禅宗焉。

注释

　　① 曹州南华：在今山东省菏泽市东明县东南。

　　② 黄檗山运禅师：黄檗山，在今福建省福清县城西，又称南山，希运禅师曾住此山，大弘禅法，故史上称他为黄檗山断际禅师。

　　③ 城南临济：寺名，即真定临济院，在今河北正定县。

译文

　　释义玄，俗姓邢，曹州南华（今山东省菏泽市东明附近）人。早年曾四方参学，不惮艰苦。后于黄檗山希运禅师处豁然顿悟，遂返归乡里。后应赵人之请，住于城南临济（今河北省正定县）。他反对读诵经论，而重示人心要，颇与德山宣鉴相类。

咸通七年（公元八六六年）四月十日入灭。后敕谥"慧照大师"，塔号"澄虚"。其禅法后来颇盛行，被称为临济宗。

唐洪州洞山良价

释良价，俗姓俞氏，会稽诸暨①人也。少孺从师于五泄山寺，年至二十一，方往嵩山具戒焉。登即游方②，见南泉禅师，深领玄契。续造云岩③，疑滞顿寝。大中末，于斯丰山大行禅法。后盛化豫章高安洞山④，今筠州也。

价以咸通十年己丑三月朔旦，命剃发披衣，令鸣钟，奄然而往。时弟子辈悲号，价忽开目而起曰："夫出家之人心不依物，是真修行。劳生息死，于悲何有？沦丧于情，太粗着乎？"召主事僧，令营斋："斋毕，吾其逝矣！"然众心恋慕，从延其日，至于七辰，食具方备。价亦随斋，谓众曰："此斋名愚痴也。"盖责其无般若欤？及僧唱随意，曰："僧家勿事大率，临行之际，喧动如斯。"至八日浴讫，端坐而绝。春秋六十三，法腊四十二。敕谥禅师曰悟本，塔号慧觉矣。

注释

① **会稽诸暨**：今浙江诸暨。

② **游方**：学人为求开悟而遍游名山，四方参禅问

道日游方。

③ **云岩**：云岩昙晟。

④ **豫章高安洞山**：今江西高安。

译文

释良价，俗姓俞，会稽诸暨（今浙江诸暨）人。少年时从师于五泄山寺，二十一岁时，才往嵩山受具足戒。后来，就到各地游化参学，谒见南泉普愿禅师，深领玄旨。过后又参拜云岩禅师，前疑俱消。大中末年，于斯丰山大弘禅法。后来，又到豫章高安洞山（今江西高安）大扬宗风。

咸通十年（公元八六九年）三月令剃发披衣，并鸣钟，随后奄然而化。时众弟子悲号恸哭，忽然又睁开双眼，并坐起来说："出家之人，心不依于物，劳生息死，又有什么好悲哀的？太执着于情，那就太粗俗了。"遂召主事僧，令营斋，并说："斋过之后，我就要入灭了。"终因众弟子恋慕，遂延长了几天，到第七天早晨，诸僧替他准备好餐具，他看了之后对众僧说："此斋名'愚痴'也。"意思是责怪诸僧无般若智慧，等诸僧请良价随意时，他才说："出家人好寂静，临行之际，何以如此喧嚣？"到第八天沐浴之后，端坐而化。世寿六十三，法腊四十二。后敕谥号"悟本"，塔号"慧觉"。

唐福州雪峰广福院义存

释义存，长庆二年壬寅生于泉州南安县曾氏。自王父而下，皆友僧亲佛，清净谨愿。存生而鼻逆荤血。乳抱中，或闻钟磬，或见僧像，其容必动，以是别垂爱于膝下。九岁请出家，怒而未允。十二从家君游蒲田玉润寺，有律师庆玄，持行高洁，遽拜之曰："我师也。"遂留为童侍焉。

十七落发，来谒芙蓉山恒照大师，见而奇之，故止其所。至宣宗中兴释氏，其道也涅而不缁，其身也褒然①而出。北游吴、楚、梁、宋、燕、秦，受具足戒于幽州宝刹寺讫，巡名山，扣诸禅宗，突兀飘飘，云翔鸟逝。爰及武陵，一面德山，止于珍重而出。其徒数百，咸莫测之。德山曰："斯无阶也，吾得之矣。"

咸通六年，归于芙蓉之故山。其年圆寂大师亦自沩山拥徒至于怡山，王真君上升之地，其徒孰（孰师已嗣德山）。累累而疑关，存拒而久之。则有行实者，始以存同而议曰："我之道巍巍乎，法门围绕之所，不可造次，其地宜若布金之形胜可矣。府之西二百里有山焉，环控四邑，峭拔万仞，嶕峣以支圆碧，培塿以觑群青。

怪石古松，栖蛰龟鹤；灵湫邃壑，隐见龙雷。山之巅，先冬而雪，盛夏而寒。其树皆别垂藤萝，蘴茸而以为之衣，交错而不呈其形。奇姿异景，不可殚状，虽霍童、武夷，无以加之。实闽越之神秀，而古仙之未攸居，诚有待于我也。祈以偕行去。"秋七月，穿云蹑藓，陟险升幽，将及之。存曰："真吾居也。"其夕山之神果效灵。翌日岩谷爽朗，烟霞飞动。云庵既立，月构旋隆。繇是栀法轮于无为，树空门于有地，行实乃请名其山曰雪峰，以其冬雪夏寒，取鹫岭、猴江之义。斯则庚寅逮于乙未，存以山而道任，山以存而名出。天下之释子，不计华夏，趋之若召。

乾符中，观察使京兆韦公、中和中司空颍川陈公，每渴醍醐而不克就饮，交使驰恩，存为之入府，从人愿也。其时内官有复命于京，语其道其侪之拔俗悟空者，请蜕浮华而来脱屣。僖宗皇帝闻之，翰林学士访于闽人陈延效，得其实奏。于是乃锡真觉大师之号，仍以紫袈裟俾延效授焉。存受之如不受，衣之如不衣。居累夏，辛亥岁朔，遽然杖屦，其徒启而不答，云以随之，东浮于丹丘、四明。明年，属王侍中之始据闽越，乃洗兵于法雨，致礼于禅林，馥存之道，常东望顶手。

后二年，自吴还闽，大加礼异。及闽王王氏誓众养民之外，雅隆其道，凡斋僧构刹，必请问焉。为之增宇、设像、铸钟以严其山，优施以充其众。时则迎而馆之于府之东西甲第。每将俨油幢聆法论，未尝不移时。仅乎一纪，勤勤恳恳，熊罴之士，因之投迹檀那；渔猎之逸，其或弭心鳞羽。

戊辰年春三月示疾，闽王走医，医至粒药以授，存曰："吾非疾也，不可罔子之工。"卒不饵之。其后札偈以遗法子，函翰以别王庭。夏五月二日，鸟兽悲鸣，云木惨悴。其夜十有八刻时灭度，俗寿八十有七，僧腊五十有九。以其月十五日塔而藏之。尔日奔走，闽之僧尼士庶，巷无居人。闽王涟如出涕，且曰："师其舍予，一何遽乎！"遣子延稟躬祭奠之，复斋僧焉。

存之行化四十余年，四方之僧争趋法席者不可胜算矣，冬夏不减一千五百。徒之环足，其趋也驰而愈离，辩而愈惑。其庶几者，一曰师备，拥徒于玄沙（今安国也）；次曰可休，拥徒于越州洞岩；次曰智孚，拥徒于信州鹅湖；其四曰惠棱，拥徒于泉州招庆；其五曰神晏，住福州之鼓山。分灯化物，皆膺圣奖，赐紫袈裟，而玄沙级宗一大师焉。

注释

① **襃然：**原指禾苗渐长貌，此指出众。

译文

释义存，长庆二年（公元八二二年）生于泉州南安（今福建南安）曾氏家。其家世代崇佛，清净安和。义存出生之后，对荤腥之物有本能的厌恶之感。还在襁褓之中，每闻到钟鼓之声，或见到僧侣佛像，必动容欢笑。九岁请求出家，父母亲怒而未允。十二岁从父游蒲田玉润寺，有律师庆玄，道行高洁，义存一见他，就礼拜道："我师也。"遂留在寺里给庆玄律师当童侍。

十七岁时正式落发为僧，拜谒芙蓉山恒照大师。大师见而奇之，遂止住该寺。至宣宗中兴佛教时，他历游吴、楚、梁、宋、燕、秦诸地，受具足戒于幽州宝刹寺，之后，他又四处游化，各地名山大德，他相继游访。后至武陵德山宣鉴处，颇受宣鉴之赏识，后承其法系。有徒数百，全不测其道行之高深。

咸通六年（公元八六五年），归于芙蓉之故山。……后有行实者，对义存说："我之道巍巍乎，法门环绕之所，应该认真选择。此地西边二百余里有一座山，峭拔万仞，到处是怪石古松，实是龟鹤幽栖之胜境。其山之巅，未冬先雪，盛夏却寒，实闽、越之胜地，虽武夷、霍童无以加之，以前从未有人去居住，正有待于我也。希望禅师到那里去。"是年七月，爬山越岭，几经跋涉，终于到了该山。一到那里，义存大为赞叹，道："真是我等居住之好地方也。"第二天，晴空万里，烟霞飞动，于是在此构筑精舍，大弘禅法。行实又请名此山为雪峰，以其冬雪夏寒，取鹫岭、猴江之义。这是庚寅（公元八七〇年）至于乙未（公元八七五年）的事。自此之后，义存在此山大弘禅法，山则因义存而闻名天下。天下之释子，不论华夏，趋之若鹜。

乾符年间，观察使京兆韦公、中和中司空颍川陈公等，常上山礼谒请益，但常来去匆匆，未能尽兴，遂再三恳请义存到他们府中，义存随缘前往。当时有内官把义存之宗风传至京城，称其禅法拔俗悟空。僖宗闻之，派翰林学士寻访于闽人陈延效，得其实奏。于是僖宗乃赐其"真觉大师"之号，并赐紫袈裟一件，由陈延效转授。义存对这些身外之物并不看重，他受之若不受，衣之如不衣。在雪峰山住了一段时间后，辛亥年（公元八九一年）他又仗锡外游，众弟子问他欲往何方，他默不作答，后来诸弟子就跟随他到丹丘、四明等地游化，并弘法于军旅之中。

两年后，他由吴返闽，很受闽王之礼遇。凡构刹斋僧等，均请问于义存，并为其所在寺院增建寺舍、绘画佛像、铸造钟鼓等，以庄严其寺院，增多其徒众。并在王府附近为之建馆，经常请他来馆舍居住、弘法，他自己则经常去向他请益。

戊辰年（公元九〇八年）三月示疾，闽王为他请来医生，医生授之以药，他说："我并没有病，无须吃这些东西。"执意不吃药。后来作偈遗法子，致书予闽王。是年五月二日，鸟兽悲鸣，云木惨咽，其夜入灭，世寿八十七，僧腊五十九。于其月十五日立塔葬之。那一天，闽地之僧尼士庶，万人空巷，闽王更是悲恸涕零，曰："法师何以就这样撇下我们呢？"派王子延禀亲自前去祭奠，并大建斋会，以酬众僧。

义存行化四十余年，四方僧人前去向他参学问法者不可胜数，每开法席，听者常不下千五百人。其法嗣弟子，一曰师备，后在玄沙一带弘法；二曰可休，后在越州洞岩修行；三曰智孚，聚徒于信州鹅湖；四曰惠棱，拥徒于泉州招庆；五曰神晏，止住于福州鼓山。而其众弟子中，以玄沙师备为著名，号宗一大师。由于众弟子之弘传，义存之禅法大扬于天下。

唐袁州仰山慧寂

原典

释慧寂，俗姓叶，韶州须昌①人也。登年十五，恳请出家，父母都不听允。止十七，再求堂亲，犹豫未决。其夜有白光二道从曹溪发来，直贯其舍，时父母乃悟是子至诚之所感也。寂乃断左无名指及小指，器借跪致堂阶曰："答谢劬劳！"如此，父母知其不可留，舍之。依南华寺通禅师下削染，年及十八，尚为息慈②。营持道具，行寻知识。先见耽源，数年，良有所得。

后参大沩山禅师，提诱哀之。栖泊十四五载，而足跛，时号跛脚驱乌。凡于商攉，多示其相。时韦胄就寂请伽陀③，乃将纸画规圆相，圆围下注云："思而知之，落第二头；云不思而知，落第三首。"乃封呈达。自尔有若干势以示学人，谓之仰山门风也。海众抠衣④得道者，不可胜计，往往有神异之者，倏来忽去，人皆不测。后敕追谥大师，曰智通，塔号妙光矣。今传《仰山法示成图相》，行于代也。

注释

① **韶州须昌：**今广东省南雄县西南。

② **息慈：**梵语沙弥之旧译。

③ **伽陀：**偈颂。

④ **抠衣：**提裳而行，以示敬谨之意。

译文

　　释慧寂，俗姓叶，韶州须昌（今广东省南雄县西南）人。十五岁时，恳请出家，父母亲不同意。到十七岁时，再次请求双亲，父母亲犹豫不决。那一天晚上有二道白光从曹溪发来，直贯其房舍，其时父母亲才悟到这是儿子至诚之所感。慧寂乃斩下左手无名指和小指，用器皿盛着跪捧至其双亲面前，曰："感谢父母的哺育之恩。"父母亲知道留他不住，遂同意其出家。慧寂遂往南华寺通禅师门下，依之披剃出家，其年他刚十八岁，故先为沙弥。他在寺里先是管理道具，参学禅法。其后，他参见了耽源，向他学了几年禅法，略有所得。

　　尔后，又往大沩山参拜灵祐禅师，禅师颇赏识他，多加提携、诱导。他在大沩山住了十四五年。因慧寂之足跛，时人称之为"跛脚驱乌"。凡是有人向他请教禅法，他都示现其相。其时，韦胄向他要伽陀（即偈颂），他遂在纸上画一圆圈，圆圈下注云："思而知之，落第二头；云不思而知，落第三头。"把纸封好后派人送予韦胄。此后，他又经常以类似的方法教示门人及参学者，时人称之为仰山门风。一时间，向他求教禅法者，不计其数，其中常有一些来无踪去无影的神异之士。慧寂入灭后，被追谥号曰"智通"，塔号"妙光"。代表其禅法之《仰山法示成图相》后来曾颇流行。

梁抚州①曹山本寂

释本寂，姓黄氏，泉州蒲田人也。其邑唐季多衣冠士子侨寓，儒风振起，号小稷下焉。寂少染鲁风②，率多强学，自尔淳粹独凝，道性天发。年惟十九，二亲始听出家，入福州云名山。年二十五，登于戒足。凡诸举措，若老苾刍。

咸通之初，禅宗兴盛，风起于大沩也。至如石头、药山其名寝顿，会洞山悯物，高其石头，往来请益，学同洙泗③。寂处众如愚，发言若讷。后被请住临川曹山，参问之者堂盈室满。其所酬对，邀射匪停，特为羣客标准，故排五位以铨量区域，无不尽其分齐也。复注对《寒山子诗》，流行寓内，盖以寂素修举业之优也。文辞遒丽，号富有法才焉。寻示疾，终于山，春秋六十二，僧腊三十七。弟子奉龛窆而树塔。后南岳玄泰著塔铭云。

① 抚州：今江西省抚州市。
② 鲁风：此指儒家学说。

③ **洙泗**：洙水与泗水，在今山东省曲阜之北。因孔子曾在这一带讲学，后多以洙泗指孔学。

译文

释本寂，俗姓黄，泉州蒲田（今福建省莆田市）人。其家乡唐代多出文人学士，儒风甚盛，号称"小稷下"。本寂少时曾受儒学之熏陶，读了不少儒家的书，稍长之后，已颇有学问。十九岁时，双亲才同意他出家，遂到福州云名山参学。二十五岁时，受具足戒。他少年老成，凡诸举措，有如老比丘。

咸通初年，禅学兴盛，尤以大沩山灵祐之禅风为最，而石头希迁、药山惟俨之学稍歇，其时洞山良价阐扬石头之禅风，往来请益，有如儒家诸弟子之请教于孔子。当时，本寂在诸多学众中木讷寡言，处众如愚。后来被请往曹山，向他参学者逐渐多了起来。他之示人，以"五位君臣"著称。后来，他又注释《寒山子诗》，文辞秀丽，颇有才气，十分流行，此皆因他自小就博览诗书之故。后来入灭于曹山，世寿六十二，僧腊三十七，弟子奉龛起塔。后来南岳之玄泰曾为之撰写塔铭。

周金陵清凉院文益

释文益，姓鲁氏，余杭①人也。年甫七龄，挺然出俗，削染于新定智通院，侬全伟禅伯。弱年，得形俱无作法于越州开元寺。于时谢俗累以拂衣，出樊笼而矫翼。属律匠希觉师盛化其徒于郧山育王寺，甚得持犯之趣。又游文雅之场，觉师许命为我门之游夏②也。

寻则玄机一发，杂务俱捐。振锡南游，止长庆禅师法会。已决疑滞，更约伴西出湖湘。尔日暴雨不进，暂望西院寄度信宿，避溪涨之患耳，遂参宣法大师。曾住漳浦罗汉，闽人止呼罗汉。罗汉素知益在长庆颖脱，锐意接之，唱导之。由玄沙与雪峰血脉殊异，益疑山顿摧，正路斯得，欣欣然挂囊栖止，变涂回轨，确乎不拔。寻游方却抵临川，邦伯命居崇寿，四远之僧求益者，不减千计。江南国主李氏始祖③知重，迎住报恩禅院，署号净慧。

厥后微言欲绝，大梦谁醒？既传法而有归，亦同凡而示灭，以周显德五年戊午岁秋七月十七日有恙，国主纡于方丈问疾。闰月五日，剃发澡身，与众言别，加趺而尽，颜貌如生，俗年七十四，腊五十五。私谥曰大法眼，塔号无相。俾城下僧寺具威仪礼迎引，奉全身于江宁县丹阳乡，起塔焉。

益好为文笔，特慕支汤之体，时作偈颂真赞，别形纂录。法嗣弟子天台德韶、慧明、漳州智依、钟山道钦、润州光逸、吉州文遂。江南后主为碑颂德，韩熙载撰塔铭云。

注释

① **余杭**：今浙江杭州。

② **游夏**：子游、子夏。

③ **江南国主李氏始祖**：公元九三七年，李昇称帝于金陵，国号齐，后改为唐，史称南唐。

译文

释文益，俗姓鲁，余杭（今属浙江）人。七岁时，就离尘出俗，削发于新定（今浙江淳安县）智通院，依全伟禅师出家。二十岁时，于越州（今浙江绍兴）开元寺受具足戒。自此之后，远离尘累，遨游法海。曾在鄮山（今浙江鄞县）育王寺从希觉律师修习律学，甚得律学之精要。希觉律师颇赞赏他，称他是佛门之子游、子夏。

后来尽弃杂务，玄思焕发，游方弘化于江南，于长庆禅师处悟得禅要。又与之结伴同游湖南、湖北。因山洪暴发，为避洪水，曾在西院暂住了两个晚上，遂参访宣法大师。此宣法大师曾止住于福建漳浦，世称"漳浦罗汉"。罗汉知文益已在长庆禅师处悟得禅法大要，遂接待了他，并进一步开导他。因玄沙禅师与雪峰禅师之禅法传承各异，文益大受教益，疑山顿摧，群滞皆释，进了一个境界。后来，又游学至临川，住于崇寿寺，四方禅众纷纷前去参学、求益，盛极一时。南唐中主李昇很崇尚他，迎他住于报恩禅院，称号"净慧"。

后于周显德五年（公元九五八年）七月十七日示疾，南唐国主亲自到方丈室问疾。该年闰月五日，剃发沐浴，与大众辞别，结跏趺坐而化，好几天内形貌皆如同生前，世寿七十四，僧腊五十五。南唐国主谥号"大法眼禅师"，塔号"无相"。城中各寺院之僧众都具威仪为之送葬，其弟子奉其全身至江宁县丹阳乡安葬并起塔。

文益文笔秀丽，喜作偈颂，其传法弟子天台有德韶、慧明、漳州智依、钟山道钦、润州光逸、吉州文遂等。南唐李国主为他撰写碑铭，颂其道操，韩熙载为之撰写塔铭。

5 明律

唐京兆西明寺道宣

　　释道宣，姓钱氏，丹徒①人也，一云长城人。其先出自广陵太守让之后，洎太史令乐之撰《天文集占》一百卷。考讳申府君，陈吏部尚书，皆高矩令猷，周仁全行，盛德百代，君子万年。母娠而梦月贯其怀，复梦梵僧语曰"汝所妊者即梁朝僧祐律师，祐则南齐剡溪隐岳寺僧护也。宜从出家，崇树释教"云。凡十二月在胎，四月八日降诞。九岁能赋。十五厌俗，诵习诸经，依智颐律师受业。洎十六落发，所谓除结，非欲染衣，便縈日严道场。弱冠，极力护持，专精克念，感舍利现于宝函。

隋大业年中，从智首律师受具。武德中依首习律，才听一遍，方议修禅。颥师呵曰："夫适迟自迩，因微知章，修舍有时，功愿须满，未宜即去律也。"抑令听二十遍已，乃坐山林，行定慧，晦迹于终南仿掌之谷。所居乏水，神人指之，穿地尺余，其泉迸涌，时号为白泉寺。猛兽驯伏，每有所依，名花芬芳，奇草蔓延。隋末徙崇义精舍，载迁丰德寺。

尝因独坐，护法神告曰："彼清官村，故净业寺，地当宝势，道可习成。"闻斯卜焉，焚功德香，行般舟定②。时有群龙礼谒，若男若女，化为人形。沙弥散心，顾盼邪视。龙赫然发怒，将搏攫之，寻追悔，吐毒井中，具陈而去。宣乃令封闭，人或潜开，往往烟上，审其神变。……

有处士孙思邈尝隐终南山，与宣相接，结林下之交。每一往来，议论终夕。时天旱，有西域僧于昆明池结坛祈雨，诏有司备香灯供具。凡七日，池水日涨数尺。有老人夜诣宣求救，颇形仓卒之状，曰："弟子即昆明池龙也。时之无雨，乃天意也，非由弟子。今胡僧取利于弟子，而欺天子言祈雨。命在旦夕，乞和尚法力加护！"宣曰："吾无能救尔，尔可急求孙先生。"老人至思邈石室，冤诉再三，云："宣律师示我，故敢相投也。"邈曰："我知昆明池龙宫有仙方三十首，能示余，余乃救尔。"老人曰："此方上界不许辄传，今事急矣，固何所吝？"少选，捧方而至。邈曰："尔速还，无惧胡僧也。"自是池水大涨，数日溢岸，胡僧术将尽矣，无能为也。

及西明寺初就，诏宣充上座。三藏奘师至止，诏与翻译。又送真身往扶风无忧王寺。遇敕令僧拜等，上启朝宰，护法又如此者。撰《法门文记》《广弘明集》《续高僧传》《三宝录》《羯磨戒疏》《行事钞》《义钞》等二百二十余卷。三衣皆纻，一食唯菽。行则杖策，坐不倚床，蚤虱从游，居然除受，土木自得，固己亡身。尝筑一坛，俄有长眉僧谈道，知者其实宾头卢也。复三果③梵僧礼坛赞曰："自佛灭后，像法住世，兴发毗尼，唯师一人也。"

乾封二年春，冥感天人来谈律相，言钞文轻重仪中舛误，皆译之过，非师之咎，请师改正。故今所行著述，多是重修本是也。又有天人云："曾撰《祇洹图经》，计人间纸帛一百许卷。"宣苦告口占，一一抄记，上下二卷。又口传偈颂，号《付嘱仪》十卷是也。

贞观中，曾隐沁部④云室山，人睹天童给侍左右。于西明寺夜行道，足跌前阶，有物扶持，履空无害，熟顾视之，乃少年也。宣遽问："何人中夜在此？"少年曰："某非常人，即毗沙门天王之子那吒也，护法之故，拥护和尚，时之久矣。"宣曰："贫道修行，无事烦太子。太子威神自在，西域有可作佛事者，愿为致之！"太子曰："某有佛牙宝掌，虽久，头目犹舍，敢不奉献。"俄授于宣，宣保录供养焉。

复次，庭除有一天来礼谒，谓宣曰："律师当生睹史天宫⑤。"持物一苞，云是棘林香。尔后十旬，安坐而化，则乾封二年十月三日也，春秋七十二，僧腊五十二。累门人窆于坛谷石室，其后树塔三所。高宗下诏，令崇饰图写宣之真相，匠韩伯通塑缋之，盖追仰道风也。

宣从登戒坛及当泥曰，其间受法传教，弟子可千百人。其亲度曰大慈律师，授法者文纲等。其天人付授佛牙，密令文纲掌护，持去崇圣寺东塔。大和初，丞相韦公处厚建塔于西廊焉。宣之持律，声振竺乾；宣之编修，美流天下。是故无畏三藏到东夏朝谒，帝问："自远而来，得无劳乎？欲于何方休息？"三藏奏曰："在天竺时，常闻西明寺宣律师秉持第一，愿往依止焉。"敕允之。宣持禁坚牢，扪虱以绵纸裹投于地。三藏曰："扑有情于地之声也。"凡诸密行，或制或遮，良可知矣。

至代宗大历二年，敕此寺三纲⑥："如闻彼寺有大德道宣律师传授得释迦佛牙及肉舍利，宜即诣右银台门进来，朕要观礼。"至十一年十月，敕："每年内中出香一合，送西明寺故道宣律师堂，为国焚之祷祝。"至懿宗咸通十年，左右街僧令霄、玄畅等上表乞追赠，其年十月敕谥曰澄照，塔曰净光。先所居久在终南，故号南山律宗焉。天宝元载灵昌太守李邕、会昌元年工部郎中严厚本，各为碑颂德云。

注释

①**丹徒**：今江苏丹徒。一说道宣之祖籍在浙江吴兴（湖州）。

②**般舟定**：又作"般舟三昧"，定行之一种，据说在特定时间内修行此定，得见诸佛站立面前。

③**三果**：阿那含果。

④**沁部**：汝州，今河南省汝州市。

⑤**睹史天宫**：兜率宫。

⑥**三纲**：寺院中统领僧众、掌管事务之僧职：（一）上座，（二）寺主，（三）都维那。

译文

释道宣，俗姓钱，丹徒（今江苏丹徒）人。一说道宣之祖籍在吴兴（今浙江湖州）。其祖乃广陵（今江苏扬州）太守张让之后代，其父陈时曾任吏部尚书，堪称官宦世家。其母怀孕时梦月贯其怀，又梦见梵僧对她说："你所怀者乃梁朝僧祐律师，而僧祐亦即南齐剡溪隐岳寺之僧护也。他出生之后，应该让他出家，以弘扬佛法。"怀胎十二月，于四月八日降生，九岁时能吟诗作赋，十五岁时则厌恶尘俗，诵习佛典，后依智颙出家。十六岁落发，修习于日严道场。二十岁时，专心致志于弘护佛法，遂感得舍利现于宝函之中。

隋大业年间，从智首律师受具足戒。武德年间依智首律师学律，才听一遍，就谈论修禅，其师斥之曰："凡事自近而远，由微见著，修习须持之以恒、功愿圆满，岂可如此就放弃学律！"律师叫他听二十遍，然后乃让他于山林中修习定慧。后来，他常止住于终南山一山谷中。所居之处缺水，有一神人指点，他遂就地掘地尺余，涌泉如注，因称为"白泉寺"。该山中之猛兽对他十分温驯。他每至一处，名花芬芳，奇草蔓延。隋代末年移至崇义精舍，过了年余，又迁住于丰德寺。

在一次独坐的时候，有一护法神告诉他："清官村净业寺是一块宝地，在那里修习，道业可成。"他听了之后，遂烧香入定。其时，有群龙前去礼谒他。这些龙化为人形，若男若女。与他同时打坐之沙弥有的左右张望，这些龙赫然发怒，想要搏击那些左右张望的沙弥，后来又呈后悔之状，往井口吐过毒气后，就各自散去。

道宣立即让人把井口封闭，如果有人偷打开井盖，就有烟往上冒，逞其神变。……

当时，孙思邈曾隐居于终南山，与道宣经常往来，结林下之交。两人每次在一起时，都长时间畅谈，甚至于通宵达旦。当时发生了一场旱灾，有一西域僧人于昆明池结坛祈雨，皇上敕当地官员准备香灯供具等。七日之后，池水日涨数尺。有一老人夜里到道宣处向他求救，显得很匆促的样子，并说："弟子即是昆明池中之龙。前段时间不下雨，乃是天意，我也无可奈何。现在西域的僧人取利于我，而欺骗皇上说是他乞来之雨，弄得我命在旦夕，乞请法师垂怜，以法力相护。"道宣曰："我没法救你，你可求救于孙思邈。"那老人遂至孙思邈石室，向他申诉再三，说："宣律师对我说只有你能救我，故前来求你。"孙思邈曰："我知道昆明池龙宫有仙方三十首，你若能把这些仙方拿来给我，我就可以救你。"那老人说："此仙方上界不许随便传授，不过现在已没有别的办法了，我也顾不得那么多了。"遂回去选取了其中的一部分，拿回来给了孙思邈。孙思邈说："你赶快回去，不必再惧怕那个西域僧人了。"自此之后，池水继续上涨，没几天，水便溢岸，那个西域僧人的法术也不再起作用了。

后来，西明寺建成了，皇上下诏召道宣任上座。玄奘法师到这里后，又令他参与三藏之译事。后来，又令他送真身舍利至扶风无忧王寺。道宣曾撰《法门文记》《广弘明集》《续高僧传》《三宝录》《羯磨戒疏》《行事钞》《义钞》等二百二十余卷。他一生身唯三衣，食唯稻菽，行则杖策，坐不倚床。曾筑一坛，后有一长眉之僧人于此谈道，所说即是宾头卢尊者。后又有证阿那含果之梵僧于此赞道："自佛灭后，像法住世，弘传律学，唯师一人。"

乾封二年（公元六六七年）春，冥感天人来谈律相，言钞文轻重仪中多有舛讹，此皆翻译之过，非师之咎也，请他予以订正。故后来道宣之著述，多是重修之作。又有天人曰："曾撰《祇洹图经》，约有一百卷左右。"道宣苦告口占，一一抄记，分为上下二卷。他又曾口传偈颂，号《付嘱仪》十卷。

贞观年间，曾隐居于沁部云室山，有人看见天童侍候其左右。他于西明寺夜行时，曾从阶上跌下来，但好像有什么东西扶住了他一样，一无伤害，定神一看，乃一少年也。道宣乃问："是什么人这么晚了还在这里？"那少年说："我不是平常之凡夫俗子，乃毗沙门天王之子那吒也，侍护和尚已很久了。"道宣曰："贫道修行，没有什么事需要麻烦太子。太子威神自在，西域若有可做之事者，愿为致之。"太子曰："我有佛牙宝掌，因年代久远，头目已损坏，岂敢不奉上。"遂把那佛牙宝掌授予道宣，道宣把它妥为保护供养。

有一天，有一天神自庭前来礼谒道宣，对他说："律师当生兜率天宫。"并给他一苞，称是棘林香。数十天后，道宣安然坐化，即乾封二年（公元六六七年）十月三日也，世寿七十二，僧腊五十二。他曾嘱累门人把他葬于坛谷石室，其后建塔三座。唐高宗下敕，令绘道宣之像，由塑匠韩伯通塑造，以追仰其道风。

道宣自受具足戒至入灭，其间受法传教，弟子成百上千。受其亲度者有大慈律师，传其法者有文纲等。以前天人所赠之佛牙，他密令文纲掌护，后送往崇圣寺东塔。大和初年，丞相韦公处厚建塔于西廊。道宣之持律，声誉远扬至西域、天竺；道宣之编修，誉满天下。所以无畏三藏到东土来朝谒，皇帝问他："你不远万里而来，实是辛苦，打算往哪里栖息？"三藏奏曰："在印度时，常听说西明寺道宣律师秉持第一，愿前往依止。"皇上下敕准奏。道宣持戒严谨，捉到虱子后，用纸包好后，投于地上。……

到代宗大历二年（公元七六七年），皇上下敕此寺三纲，曰："据说你寺有大德道宣律师传授得释迦佛牙及肉舍利，应即把它从右银台门送至我处，我要观礼。"至大历十一年（公元七七六年）十月，又下敕曰："每年内出香一盒，送西明寺故宣律师堂，为国焚之祷祝。"至懿宗咸通十年（公元八六九年），左右街僧令霄、玄畅等上表乞追谥号，其年十月下敕谥号"澄照"，塔号"净光"。道宣生前久居终南山，故其所创之宗派称为南山律宗。天宝元年（公元七四二年）灵昌太守李邕、会昌元年（公元八四一年）工部郎中严厚本，各为其碑题颂。

唐京师恒济寺怀素

原典

　　释怀素，姓范氏，其先南阳①人也。曾祖岳，高宗朝选调为绛州曲沃县丞。祖徽，延州广武县令。父强，左武卫长史，乃为京兆②人也。母李氏梦云雷震骇，因而娠焉。诞育之辰，神光满室。见者求占，此子贵极，当为王者之师傅也。幼龄聪黠，器度宽然，识者曰："学必成功，才当逸格③。"耳闻口诵，皆谓老成。年及十岁，忽发出家之意，猛利之性，二亲难沮。

　　贞观十九年，玄奘三藏方西域回，誓求为师。云与龙而同物，星将月以共光，俱悬释氏之天，悉丽着明之象。初寻经论，不费光阴。受具已来，专攻律部。有邺郡法砺律师，一方名器，五律宗师，迷方皆俟其指南，得路咸推其乡导。著疏十卷，别是命家。见接素公，知成律匠。研习三载，乃见诸瑕，喟然叹曰："古人义章，未能尽善！"

　　咸亨元年，发起勇心别述《开四分律记》。至上元三年丙子归京，奉诏住西太原寺傍听道成律师讲，不辍缉缀。永淳元年，十轴毕功，一家新立，弹纠古疏，十有六失焉。新义半千百条也。傅翼之彪，搏攫而有知皆畏；乘风之震，砰轰④而无远不闻。所化翕然，所传多矣。

复著《俱舍论疏》一十五卷，《遗教经疏》二卷，《钞》三卷，《新疏拾遗钞》二十卷，《四分僧尼羯磨文》两卷，《四分》僧、尼戒本各一卷。日诵《金刚经》三十卷，讲《大律》及疏计五十余遍，其余书经画像，不可胜数。于本寺别院忽示疾，力且蹇⑤然，告秀章曰："余律行多缺，一报将终。"时空中有天乐浏亮，奄然而逝，俗龄七十四，法腊五十三。葬日，有鸿鹤绕塔悲鸣，至暮方散。

素所撰述，宗萨婆多⑥。何邪？以法密部缘化地部出，化地从有部生，故出受体以无表色。又斥二宗云："相部无知，则大开量中得自取大小行也。南山犯重，则与天神言论，是自言得上人法也。"大抵素疏出，谓之新章焉。开元中，嵩山宾律师造《饰宗记》以解释之，对砺旧疏也。又谓为东西塔律宗，因传习处为名耳。

大历中，相国元公载奏成都宝园寺置戒坛，传新疏，以俸钱写疏四十本、《法华经疏》三十本，委宝园光翌传行之。后元公命如净公为素作传。韦南康皋作灵坛，传授毗尼新疏记，有承袭者，刊名于石。其辞茜丽，其翰兼美，为蜀中口实焉。

① **南阳**：今河南省南阳市。

② **京兆**：今陕西省西安市以东至华县一带。

③ **逸格**：超俗之品格。

④ **砰轰**：指响声宏大。

⑤ **蔺**：旺盛之意。

⑥ **萨婆多**：印度部派佛教之说一切有部。

译文

　　释怀素，俗姓范，祖籍南阳（今河南省南阳市）。曾祖名岳，于高宗时选调为绛州曲沃县丞。其祖父名徽，曾任延州广武县令。父亲名强，任左武卫长史，乃京兆（即长安）人。母亲李氏梦云雷震骇，因而怀孕。出世那一天，神光满室。见者求占，曰："此子之长相极其庄严，日后必会成为王者之师。"幼年时就十分聪明，器度恢宏，识之者曰："学必成功，才华超俗。"稍大之后，耳闻口诵，有老成之风。十岁时，忽发出家之意，但为双亲所阻，未能遂愿。

　　贞观十九年，玄奘法师刚从印度回来，誓求为师。遂寻找经典，无所不读。受具足戒之后，专攻律部。其时，邺郡有法砺律师，乃一方名僧、五律宗师，四方学者纷纷从之受学。该律师著有注疏十卷，见解颇是精到。当他见到怀素之后，一经交谈，料定他日后必成律匠。怀素自专研佛典后，发现三藏中多有错讹，乃喟然叹道："古人之译典、注疏，未能尽善矣。"

咸亨元年（公元六七〇年），立志别述《开四分律记》。至上元三年（公元六七六年）返京，奉诏住于太原寺旁听道成律师讲律，其间不辍编纂、辑录。到永淳元年（公元六八二年），纂成十卷，卓然成一家之言。他还弹纠旧疏，指出它们大约十中即有六个过失。怀素所出新义有数百条，后广为流传，影响颇大。

其后，他又撰著《俱舍论疏》十五卷、《遗教经疏》二卷、《钞》三卷、《新疏拾遗钞》二十卷、《四分僧尼羯磨文》两卷、《四分》僧、尼戒本各一卷。每天诵《金刚经》三十卷，讲《大律》及疏五十多遍，其他之书经画像，不可胜数。后来忽然示疾，但精力尚很旺盛，对秀章说："我律行多缺，今即将谢世。"当时空中天乐嘹亮，他随后奄然而逝，世寿七十四，法腊五十三。出葬那一天，有鸿雁绕塔悲鸣，到晚上才散去。

怀素之撰述，宗萨婆多部（即说一切有部）。……其所出之疏，称为新章。开元年间，嵩山宾律师造《饰宗记》解释之，此"新"是相对于法砺的旧疏而言的。

此系又因传习的地点不同，称东西塔律宗。

大历年间，相国元公载上奏，请于成都宝园寺建戒坛，传新疏，并出俸钱以抄写新疏四十本、《法华经疏》三十本，由宝园寺光翌传行之。后来元公又令如净公为怀素作传，南康王韦皋建戒坛，传授毗尼新疏记，凡传习者，皆刊名于上。其辞婉丽，文字优美，为蜀中之人所称颂。

唐扬州大云寺鉴真

释鉴真，姓淳于氏，广陵江阳县^①人也。总丱俊明，器度宏博，能典谒矣。随父入大云寺，见佛像，感动夙心，因白父求出家。父奇其志，许焉。登便就智满禅师，循其奖训。属天后长安元年，诏于天下度僧，乃为息慈配住本寺，后改为龙兴。殆中宗孝和帝神龙元年，从道岸律师受菩萨戒。景龙元年，诣长安。至二年三月二十八日，于实际寺依荆州恒景律师边得戒。虽新发意，有老成风，观光两京，名师陶诱。三藏教法，数稔该通，动必研几，曾无矜伐。言旋淮海，以戒律化诱，郁为一方宗首。冰池印月，适足清明；猊座扬音，良多响答。

时日本国有沙门荣睿、普照等东来募法，用补缺然。于开元年中，达于杨州，爰来请问，礼真足曰："我国在海之中，不知距齐州几千万里。虽有法而无传法人，譬犹终夜有求于幽室，非烛何见乎？愿师可能辍此方之利乐，为海东之导师乎？"真观其所以，察其翘勤，乃问之曰："昔闻南岳思禅师生彼为国王，兴隆佛法，是乎？又闻彼国长屋曾造千袈裟来施中华名德，复于衣缘绣偈云：'山川异域，风月同天，寄诸佛子，共结来缘。'以此思之，诚是佛法有缘之地也。"默许行焉。所言长屋者，则相国也。

真乃募比丘思托等一十四人，买舟自广陵赍经律法离岸，乃天宝二载六月也。至越州^②浦，止署风山。真夜梦甚灵异。才出洋，遇恶风涛，舟人顾其垂没，有投弃檀香木者。闻空中声云："勿投弃。"时见舳舻^③各有神将介甲操仗焉，寻时风定。俄漂入蛇海，其蛇长三丈余，色若锦文；后入鱼海，鱼长尺余，飞满空中。

次一洋，纯见飞鸟集于舟背，压之几没。泊出鸟海，乏水。俄泊一岛，池且泓澄，人饮甘美。相次达于日本，其国王欢喜迎入城大寺安止。初于卢遮那殿前立坛，为国王受菩萨戒。次夫人、王子等，然后教本土有德沙门足满十员，度沙弥澄修等四百人，用白四羯磨法^④也。又有王子一品亲田舍宅造寺，号招提，施水田一百顷。

自是已来，长敷律藏，受教者多，彼国号大和尚，传戒律之始祖也。以日本天平宝字七年癸卯岁五月五日，无疾辞众，坐亡，身不倾坏，乃唐代宗广德元年矣。春秋七十七。至今其身不施苎漆，国王、贵人、信士时将宝香涂之。僧思托著《东征传》详述焉。

① **广陵江阳县**：今江苏扬州江阳。

② **越州**：今浙江绍兴。

③ **舳舻**："舳"指船之后持舵处，"舻"指船头持棹处。此指许多船只。

④ **白四羯磨法**：又作"白四""白四法"，即告白之意。"羯磨"，意为业、做法等。白四羯磨法指僧中所做事务。如授戒之做法，授戒时，三师中之羯磨师向僧众告白某某提出出家要求，此即为"白"。其后，三问僧众赞成与否，称为"三羯磨"。如无异议，则准予受戒为僧。合一度之白与三度之羯磨，故称"白四羯磨"。

译文

释鉴真，俗姓淳于，广陵江阳（今扬州江阳）人。少年时就聪颖异常，器度恢宏。有一次随父去大云寺，见佛像而感动夙心，因而求父亲让他出家。父亲对其志趣颇感奇异，就同意了。后依智满禅师，依其修习。武后长安元年（公元七〇一年），下诏天下度僧，鉴真作为沙弥配住本寺，后改住龙兴。中宗孝和帝神龙元年（公元七〇五年），从道岸律师受菩萨戒。虽然出家不久，但有老成之风。随后游学两京（洛阳、长安），遍访名师。三藏典籍，多所精通，于律学尤有所得，遂以律学化诱学人，终成一方宗匠。

当时，日本国有沙门荣睿、普照等东来求法，用以补日本之所缺者。于开元年间，到达扬州，并拜谒了鉴真法师，曰："我国在海中，距齐州有几千万里之遥。虽有法而无传法之人，此犹整个夜晚在暗室中寻求，因无灯终难有所获一样。敢问法师可愿意舍弃此方之利乐，至我国去弘扬佛法？"鉴真观察其人，听其所言颇是恳切，乃问之曰："我过去曾听说南岳慧思禅师后来生于贵国为国王，兴隆佛法，果是如此？又听说贵国长屋（即相国之别名）曾造千领袈裟来施中华名德，并于衣缘绣偈曰：'山川异域，风月同天，寄诸佛子，共结来缘。'由此看来，贵国果然是与佛法有缘之地。"遂同意了日本僧人的要求，准备出发去日本。

他招募了思托等十四位比丘，购置了船只，于天宝二年（公元七四三年）六月自扬州带经律离岸，经越州（今浙江绍兴）浦后，于署风山稍事歇息。夜里鉴真做了许多奇异之梦。后来，船才出海，便遇狂风恶浪，船中的人怕船只沉没，就准备把船上之檀香木投进水中，只听空中有声音道："不能投啊！"随后见各船上都有神将站立于甲板之上，片刻间，风浪就停下来了。再向前航行了一段时间，船只漂进了一片蛇海，那里的蛇有三丈多长，色呈锦文；后来又漂入鱼海，鱼长尺余，翻腾飞跃于空中。

又至一处，则只见飞鸟都停在船上，压得船差一点沉没。驶出鸟海后，船中已没有淡水了。不久，船停泊在一个小岛边，岛上有一池，池水甘美，一船人都上去开怀畅饮了一阵。经过几次的磨难和风险，终于到达日本。日本国国王隆重地把他迎进城去，安止于大寺。起初在卢遮那殿前立坛，为国王授菩萨戒，后相继为王后、王子等授戒，尔后，又传法于日本国较有声望的沙门十人，度沙弥澄修等四百多人。有王子舍宅造寺，号曰"招提"，布施水田一百亩。

自此之后，鉴真在日本大弘律藏，从之受教者不计其数，被称为"大和尚"，为日本国律学之始祖。于日本天平宝字七年（公元七六三年）五月五日，无疾坐化，死后好几天身体都不腐坏，至今其身不烂，国王、贵人、信士等常以宝香涂之。世寿七十七。僧思托曾著《东征传》，详述鉴真东渡弘法之事。

6 护法

唐朗州药山惟俨

原典

　　释惟俨，俗姓寒，绛县①人也。童龀慷恺，敏俊逸群。年十七，从南康事潮阳西山惠照禅师。大历八年，纳戒于衡岳寺希澡律师所，乃曰："大丈夫当离法自净，焉能屑屑事细行于布巾②邪？"遂谒石头禅师，密证心法，住药山焉。一夜明月，陟彼崔嵬，大笑一声，声应澧阳东九十许里。其夜澧阳③人皆闻其声，尽云是东家，明辰展转寻问，迭互推寻，直至药山，徒众云："昨夜和尚山顶大笑是欤？"自兹振誉，遐迩喧然。

　　元和中，李翱为考功员外郎，与李景俭相善。俭除谏议，荐翱自代，及俭获谴，翱乃坐此出为朗州刺史。

翱闲来谒俨，遂成警悟。又初见俨，执经卷不顾。侍者白曰："太守在此。"翱性褊急，乃倡言曰："见面不似闻名。"俨乃呼，翱应唯，曰："太守何贵耳贱目？"翱拱手谢之，问曰："何谓道邪？"俨指天指净瓶曰："云在青天水在瓶。"翱于时暗室已明，疑冰顿泮。寻有偈云："炼得身形似鹤形，千株松下两函经。我来相问无余说，云在青天水在瓶。"又偈："选得幽居惬野情，终年无送亦无迎。有时直上孤峰顶，月下披云笑一声。"

初，翱与韩愈、柳宗元、刘禹锡为文会之交，自相与述古言、法六籍④，为文黜浮华，尚理致，言为文者，韩、柳、刘焉。吏部常论："仲尼既没，诸子异端，故荀孟复之，杨墨之流洗然遗落。殆周隋之世，王道弗兴，故文中之有作，应在乎诸子左右。唐兴，房魏⑤既亡，失道尚华，至有武后之弊，安史之残。吾约二三子同致君复尧舜之道，不可放清言而废儒，纵梵书而猾夏，敢有邪心归释氏者，有渝此盟，无享人爵，无永天年。先圣明神，是纠是殛！"

无何，翱邂逅于俨，顿了本心。末由户部尚书、襄州刺史，充山南东道节度使，复遇紫玉禅翁，且增明道趣，著《复性书》上下二篇。大抵谓本性明白，为六情玷污，迷而不返，今牵复之，犹地雷之复见天地心矣。即内教之返本还源也。其书露而且隐，盖而又彰，其文则《象》《系》⑥《中庸》，隐而不援释教；其理则从真舍妄，彰而乃显自心。弗事言陈，唯萌意许也。韩柳览之，叹曰："吾道萎迟，翱且逃矣！"

俨陶炼难化，护法功多，回是子之心，拔山扛鼎，犹或云易。又，相国崔群、常侍温造相继问道，俨能开发道意。以太和二年将欲殁，告众曰："法堂即颓矣。"皆不喻旨，率人以长木而枝柱之，俨抚掌大笑云："都未晓吾意。"合掌而寂，春秋七十云。

注释

① **绛县**：今山西省南部。一说惟俨生于江西信丰县。

② **布巾**：原指覆盖祭祀食品上之帛布，此指礼仪之事。

③ **澧阳**：今湖南澧县。

④ **六籍**：六经。

⑤ **房魏**：房玄龄、魏徵。

⑥ **《象》《系》**：指《易·象传》与《系辞传》。

译文

释惟俨，俗姓寒，绛县（今山西省南部）人。一说惟俨之祖籍在江西信丰县。童年时就聪敏超群，慷慨大方。十七岁时，至南康师事潮阳西山惠照禅师，大历八年（公元七七三年）依衡岳寺希澡律师受戒，乃曰："大丈夫当离法自净，不能拘于细小之礼仪行事。"后拜谒石头禅师，密证心印，止住于药山。有一天夜里，皓月当空，他在带泥土的石山的山坡上大笑一声，声震澧阳东九十多里远。那天夜里澧阳人都听到其笑声，都以为是邻居发出来的，但第二天早上一问，都说不是自家人的笑声，一直追问到药山，僧众们说："这是惟俨禅师昨天夜里在山坡上大笑所致。"自此之后，声名大振。

元和年间，李翱为考功员外郎，与李景俭颇有交谊。李景俭推荐他当谏议大夫，后来李景俭受谴，李翱也被贬至朗州任刺史。李翱闲时就上山拜谒惟俨，终于领悟了禅法大意。起初，当李翱去山上拜访惟俨时，惟俨照旧读经典，连头都不抬起来。侍者报告说："太守来看望你了。"李翱性子较急，就说："见面不如闻名。"此时惟俨才向李翱打招呼，并对他说："太守因何贵耳贱目？"李翱拱手道歉，并问他："何谓道呢？"只见惟俨指指天空，又指瓶子，曰："云在青天水在瓶。"据说李翱听了此话后，茅塞顿开，群疑冰释。过后作了一偈曰："炼得身形似鹤形，千株松下两函经。我来相问无余说，云在青天水在瓶。"还有一偈曰："选得幽居惬野情，终年无送亦无迎。有时直上孤峰顶，月下披云笑一声。"

起初，李翱与韩愈、柳宗元、刘禹锡等为文会之友，经常在一起议论古今、谈说经典，文章反对浮华，崇尚理致，故当时言为文者，皆推韩、柳、刘。吏部尚书则称："仲尼既没，诸子异端，荀、孟抑异端而继承、弘扬孔子之学，至于杨、墨之流，唯害道而已。到周隋之世，王道不兴，故文中之有作，与诸子差不多。李唐一代，自房玄龄、魏徵逝世之后，崇尚浮华，有失道旨。至于武后之弊，安史之残，更使儒道不兴。我约二三子一起恢复孔孟之道，不可因清言而妨碍了儒道之发展，放任佛教的蔓延，今后如有谁归心释门，则是有背此盟，必定重灾，不得永年。"

　　后来，李翱邂逅于惟俨，顿了本心。于任户部尚书、襄州刺史及充任山南东道节度使时，又遇紫玉禅师，日进其道，遂著《复性书》上下二篇。主要谈人之心性本来明白无垢，只是由于情欲所致，才迷而不知返，不能见性，现在应该复其本性，此亦即佛教之所谓返本还源也。其书既露又隐，其文多引《象》《系》《中庸》等儒家经典，没有公开引用佛经的话；但其思想则与佛教毫无二致，以舍妄从真、去情复性为宗旨。韩愈和柳宗元看了他的《复性书》后说："吾道菱矣，连李翱也逃离儒门而入于释门了。"

　　惟俨于护持佛法方面，功实不可没，其能争取儒学大家归向佛教，非有拔山扛鼎之力不可。又，相国崔群、常侍温造等，相继向他问道，而惟俨善于开发道意，故赢得许多学人士子之崇敬。太和二年（公元八二八年）临终之前，对大众说："法堂即将颓陷矣。"大家不明白其话所指，有人就扛起木头去顶住法堂，惟俨看后，抚掌大笑道："你们都理解错了。"说后合掌而寂，世寿七十。

7 感通

唐升州庄严寺惠忠

原典

释惠忠，俗姓王，润州上元①人也。初在母孕，忽遇异僧，谓曰："所生贵子，当为天人矣。"诞育已来，不食荤腥，有异常童。禀性敦厚。年二十三，以经业见度，即神龙元年也，遂配庄严寺。志节高简，为时辈所推。闻牛头山威禅师袭达磨踪，得佛法印，遂造山礼谒。威见忠，乃曰："山主来矣。"因为说法，顿悟上乘。威既得人，如老氏之逢尹喜②，乃命入室付法传灯，并委山门之事，遂出鄘聚。

忠即继踵兹峰，夙夜精励。常头陀山泽，饮泉藉草，一食延时，每用一铛，众味同煮。用毕悬于树杪，方复绳床晏坐，终日如杌。衣不易时，寒暑一纳，积四十年，遂彰灵应非一。州牧明贤，频诣山礼谒，再请至郡，施化道俗。

天宝初年始出止庄严。忠以为梁朝旧寺，庄严最盛，今已岁古凋残，兴怀修葺，遂于殿东拟创法堂。先有古木，鹊巢其顶，工人将欲伐之，忠曰："且止，待鹊移去，始当伐之。"因至树祝曰："此地造堂，当速移去。"言毕，其鹊竞衔柴迁寓他树。合郭道俗观者如堵，莫不叹异。又，立基未定，忽有二神人为上其处，因乃定焉。虽汲引无废，神旷不挠，四方之侣，相依日至。

以大历三年山门石室前有忠挂衣藤，是岁盛夏忽然枯悴，灵芝仙菌，且不复生。至九月，忠演法高座，无故水出绕座而转。至四年六月十五日，集众布萨，至晚乃命侍者剃发浴躯。是夜瑞云覆刹，天乐闻空，十六朝怡然坐化。时风雨震荡，树木摧折，和州延祚寺僧徒其夕咸见白虹直东西，贯于山中，鸟兽哀鸣，林壑岩间哭声数日方止。岳牧韦公损闻而哀怆，遣使赠赗，并令上元令刘君备威仪送归山。于时炎蒸，至七月七，天降雨绝凉。八日神柩出，纤尘不飞。又有群鹤徘徊舆上，送至山门。瘗后数日，坟内放光，照于山林。

五年春，依外国法茶毗，获舍利不可胜计，圆细如珠，光彩莹彻。远近道俗有恨无所克获，咸于焚身处煨烬中至求，凡百千人，皆得舍利。故知法身圆应，感物无穷，圣力潜通，光腾千古。门人起木塔。春秋八十七矣。身逾七尺，霜眉径寸，仪容殊伟，燕颔龙腮，神气孤拔，色如金聚，含光玉润，若梵僧。所居帐帏弗张，蚊蚋不犯。曾居兰若幽栖，松竹深邃，尝有虎鹿并各产子，驯绕人室，曾无惧色。

开元二十七年，上元令长孙遂初脱略异闻，躬造山询验。及到山半，猛虎当路咆吼，遂乃惊怖，莫知所为。忠闻出林晓喻，虎因寝声，伏于林中。遂恐慑，合掌礼谢而回。忠又向吴郡，具戒院中有凌霄藤，盛夏萎悴，人拟伐之，威大师曰："勿翦，惠忠还日，其藤更生。"人不之信，及秋，忠还，其藤重茂矣。又昔有供僧谷仓在庄，夜有强盗来窃之，虎乃吼唤逐之。盗弃负器而逃。其类夥多，良难骤述。

忠著《见性序》及《行路难》，精旨妙密，盛行于世。

注释

① **上元：** 在江苏南京市江宁区。

② **尹喜：** 周代之关令。相传老子西游至函谷关，尹喜强留之，老子遂授以《道德经》五千文。

译文

释惠忠，俗姓王，润州上元（今江苏南京市江宁区）人。其母怀孕时，曾遇到一僧人，那个僧人对她说："你所生贵子，日后必定成大法器。"惠忠出生以后，不食荤腥，禀性敦厚，与一般的儿童多有不同。二十三岁时，即神龙元年（公元七〇五年）出家为僧，住庄严寺。他修习刻苦，志节高简，听说牛头山威禅师承达磨禅法，得佛法印，遂前往拜谒。威禅师见到惠忠后，就说："山主来矣。"并为他说法，他顿悟上乘。威禅师既得传法之人，如老子之遇尹喜，就传灯授法，并把山门委托给他管理，自己则飘然而去。

惠忠住持牛头山寺后，兢兢于道业。常修头陀行，泉饮蔬食，与寺中大众同吃一锅饭。用过之后就把锅吊在树上，自己才打坐禅修，终日如此，从不间断。他一年四季同穿一衲，四十年间不曾改易。当地的官员、学子，频频上山礼谒，参学问道，并经常请他至城里为大众讲法，普施教化。

天宝初年（公元七四二年），开始止住于庄严寺。惠忠认为，梁朝故都，庄严最盛，但因几经沧桑，当时该寺已经凋残颓废，他立志修整，遂于殿东修建法堂。那里原来有棵古木，有喜鹊在上面筑巢，在工人正要砍树时，惠忠说："且慢，等喜鹊把巢搬走后再砍。"说完就在树下默默地对喜鹊说："因此地要造法堂，请速速移至别处栖息。"刚说完，那些喜鹊真的竞相把巢中之柴草衔至别的树上。一时僧俗二界，观者如潮，莫不叹为奇异。又，在地基尚未确定之时，忽然有两个神人示现，地基才定下来。奇迹连连，神异不断，四方学僧，纷纷而至。

大历三年（公元七六八年），山门石室前有惠忠之挂衣藤，那一年夏天忽然枯萎，灵芝仙菌，均不复生。到九月，惠忠在高座说法，无故水出绕座而转。至大历四年《公元七六九年》六月十五日，集众布萨，当晚忽令侍者剃发洗身。就在这天晚上，寺院上面瑞云朵朵，天上乐声连连，十六日早上怡然坐化。其时狂风大作，雷雨倾盆，花落树倒，和州延祚寺僧侣那天傍晚都看见有白虹由东向西，直贯山中，百鸟悲鸣，林壑岩间哭声不断。岳牧韦公损闻而哀怆，派遣使者致意并厚赠财物，还令上元令刘君以隆重之礼仪送其遗体归山。其时天气炎热，至七月七日，忽然下起雨来，顿时凉爽异常。八日出殡，一路上纤尘不飞，有群鹤徘徊于舆上，一直送至山门。埋葬之后，一连好几日坟里放光，直照山林。

大历五年《公元七七○年》春，依外国习惯，火化遗骨，得舍利无数，圆细如珠，闪闪发光。附近僧俗二界人士，有的因不曾分得舍利，就于灰烬中寻找，结果数百人都得到了舍利。是知法身圆应，感物无穷，圣力潜通，光腾千古。门人建木塔以作纪念。世寿八十七。惠忠其人，身高超过七尺，仪容伟俊，神气挺拔，有若梵僧。所居之处，不持蚊帐，但蚊蝇无犯。曾在幽静处禅居，松竹深邃，曾有虎鹿在旁边产子，遇之毫无惧色。

开元二十七年（公元七三九年），上元令长孙遂曾亲自上山探访，刚到半山时，有猛虎当路吼叫，遂大惊，不知如何是好。惠忠赶快出来，老虎一见惠忠，顿时十分温驯，伏于林中。长孙遂合掌礼拜致谢后，就回去了。又，惠忠尚未到吴郡时，该地具戒寺中有凌霄藤，盛夏枯萎，有人要砍掉它，威禅师曰：“不要砍，等惠忠来后，此藤还生。”当时大家都不相信，待到那年秋天，惠忠抵此院后，该藤果然繁茂异常。……

惠忠也有不少著作传世，较著名的有《见性序》和《行路难》，皆旨意深邃，文字精练，盛行于世。

唐洪州黄檗山希运

原典

释希运，闽人也。年及就傅^①，乡校^②推其慧利，乃割爱投高安^③黄檗山寺出家。迨成长也，身量减王商裁一尺所，额间隆起，号为肉珠。然倜傥不羁，人莫轻测。而乃观方入天台，偶逢一僧偕行，言笑自若。运偷窥之，其目时闪烁，烂然射人。相比而行，截路巨磎，泛泛涌溢，如是捐笠倚杖而止。其僧督运渡去，乃强激发之曰："师要渡自渡。"言讫，其僧褰衣^④蹑波，若履平陆，曾无沾湿，已到他岸矣。回顾招手，曰："渡来！"运戟手诃曰："咄！自了汉，早知必斫汝胫。"其僧叹曰："真大乘法器，我所不及。纵能伤我，只取辱焉。"少顷不见。运懊恍^⑤自失。

及薄游京阙，分卫^⑥及一家门，屏树之后闻一姥曰："太无厌乎？"运曰："主不恩宾，何无厌之有？"姥召入，施食讫。姥曰："五障之身忝尝礼惠忠国师来。劝师可往寻百丈山禅师所，惜巍巍乎堂堂乎真大乘器也。"运念受二过，记莂攸同，乃还洪井见海禅师，开了心趣，声价弥高。

徇命居黄檗精舍，升平相裴公休钦重躬谒，有诗赠焉："曾传达士心中印，额有圆珠七尺身。挂锡十年栖蜀水，浮杯今日渡漳滨。一千龙象随高步，万里香花结胜因。愿欲事师为弟子，不知将法付何人！"则裴相得法，出运之门。

以大中中终于所住寺，敕谥断际禅师，塔名广业，语录而行于世。

注释

① **就傅**：指从师受学。

② **乡校**：指乡学、乡学教师。

③ **高安**：今江西省高安县。

④ **褰衣**：揭起衣裳。

⑤ **憼恍**：迷糊、恍惚之意。

⑥ **分卫**：托钵乞食。

译文

释希运，福州人。少年时，其聪明伶俐就颇受乡邻、老师之赞誉，后投高安（今江西省高安县）黄檗山寺出家。长大后，希运的身量比王商少一尺，额头上有一块肉隆起，号称"肉珠"。其人倜傥不羁，人莫测其深浅。后来游方弘化入于天台山，偶遇一僧，与之同行，言笑自若。希运就偷偷观察他，只见那僧双目时常闪烁，灼然有光。二人一路走去，忽遇前面有一条河挡住去路，那个僧人催希运渡过去，希运就用办法激他，曰："师父要渡自己先渡过去。"话音刚落，只见那僧揭起衣裳，从河面上蹑波而过，如履平地，衣裳全然无湿，片刻间到了对岸。上岸后，回过头来向希运招手，喊道："快渡过来啊！"希运用手指着他说："自了汉，如果早知道你有这等能耐，应该把你的腿砍下来才对！"那个僧人叹道："真是大乘法器，我辈所不及矣。即使能够伤害到我，也是自取其辱而已。"之后，就不见踪影了。希运顿时觉得不知如何是好。

待他到京城游访，到一户人家门口行乞时，开始时躲在一棵大树后，只听见里面有一老太太曰："太过于贪心了吧！"希运道："施主尚不曾施舍，何来贪求？"那老太太唤希运入内，施以食物，并对他说："我曾拜谒过惠忠禅师，你可前往百丈山向怀海禅师参学，他乃是真真正正的大乘法器。"希运听从那老太太的话，前去拜访了怀海禅师，大受教益，顿了本心，之后，声誉日隆。

希运后来居于黄檗精舍，相国裴休对他十分钦敬，曾亲自去向他求法请益，赠予诗偈。诗偈曰："曾传达士心中印，额有圆珠七尺身。挂锡十年栖蜀水，浮杯今日渡漳滨。一千龙象随高步，万里香花结胜因。愿欲事师为弟子，不知将法付何人！"此谓裴休得法，乃出自希运之门。

大中年间，终于住寺，皇上敕谥号曰"断际禅师"，塔号"广业"。其著述《黄檗山断际禅师传心法要》及《黄檗断际禅师宛陵录》等，广泛流传于世。

唐明州奉化县契此

原典

释契此者，不详氏族，或云四明[1]人也。形裁腲脮，蹙頞皤腹，言语无恒，寝卧随处。常以杖荷布囊入鄽肆，见物则乞。至于醯酱鱼菹，才接入口，分少许入囊，号为长汀子布袋师也。曾于雪中卧，而身上无雪，人以此奇之。有偈云“弥勒真弥勒，时人皆不识”等句，人言慈氏垂迹也。

又于大桥上立，或问：“和尚在此何为？”曰：“我在此觅人。”常就人乞啜[2]，其店则物售。袋囊中皆百一供身具也。示人吉凶，必现相表兆。亢阳[3]，即曳高齿木屐，市桥上竖膝而眠；水潦，则系湿草屦[4]，人以此验知。以天复中终于奉川，乡邑共埋之。后有他州见此公，亦荷布袋行。江浙之间多图画其像焉。

注释

① **四明：** 今浙江宁波市南。

② **啜：** 吃、喝之意。

③ **亢阳：** 日头高照、阳光炽盛之意。

④ **屦：** 麻、葛制成之单底鞋。

译文

释契此，不详何方人氏，或云四明（今浙江宁波市南）人。肥头大耳，言语无常，随处寝卧，常以杖挑一布袋串街走巷，遇人则乞。所乞之物不拘鱼肉，刚要送入嘴，则分少量装入袋中，故号为长汀子布袋和尚。曾经卧于雪中而身上无雪，人们以此对其人颇感奇异。当时曾流传"弥勒真弥勒，时人皆不识"等偈句，人们都说这是慈氏（即弥勒佛）垂迹于世。

他曾站立于大桥上，有人问他："和尚站在这里做什么？"他说："我在这里找人。"他所带的袋中常装有许多供身之具。示人吉凶，必现相表征。炎阳高照时，他常穿一高跟木屐，在市桥上竖膝而眠；下雨时，他则脚穿一双湿草鞋，人们有时以此来预报天气。天复年间终于奉川，众乡邻把他埋葬起来。后来有人在外地也遇见此公，同样以杖挑一布袋四处游化。江浙一带有许多他的画像。

8 遗身

唐汾州僧藏

　　释僧藏者，西河①人也。弱龄拔俗，气茂神清，允迪循良，恪居下位。迨沾戒善，密护根尘。见仁祠必礼之，逢硕德则尽礼。苟遇僧俗施拜，乃俯偻而走，如回避令长焉。若当众务也，则同净人②，屈己犹臧获③焉。见他人故衣，则潜加浣濯，别事纽缝。至于炎暑，乃脱衣入草莽间，从蚊蚋蝱蛭唼啮虿芥，血流忍而汗洽。而恒念弥陀佛号，虽巧历者不能定算数矣。确志冥心，未尝少缺。及预知报尽，谓瞻病者曰："山僧多幸，得诸天人次第来迎。"藏又言："吾瞑目闻往净土，聚诸上善人散花，方回此耳。正当舍寿。"合掌念佛，安然而终矣。

① **西河**：黄河上游南北流向一带。

② **净人**：未剃度而在寺院中做种种净务之人。

③ **臧获**：古代对奴役之贱称。

译文

释僧藏，西河（今黄河上游南北流向一带）人。幼年时气茂神清，有超尘离俗之气概，但为人十分谦恭，甘居人下。每见祠堂，必定礼拜，若有僧俗向他致敬，则低头弯腰，如遇见长者一样。做起事来，犹如在寺院里做净务的人一样，既勤快又无所计较。若见他人衣服脏了，就偷偷帮人洗涤；别人衣裳破了，就主动帮人缝补。每到炎夏，乃脱衣入于草丛之中，让蝇蚊虫蚁吸血吃肉，他虽疼痛无比，但都忍住不走。口中常念阿弥陀佛圣号，从不间断。当他知道自己将不久于人世时，对去看望他的人说："贫僧有幸，得诸天前来迎接我。"……尔后合掌念佛，安然而寂。

9　读诵

唐并州石壁寺明度

原典

　　释明度，未知何许人也。经论涉学，三业恪勤。诵《金刚般若》，资为净分，慈济为心。迨贞观末，有鸽巢于屋楹，乳养二鶵。度每以余粥就窠哺之，复咒之曰："乘我经力，羽翼速成。"忽早学飞，堕地偕殒，度乃瘗之。旬余，梦二小儿曰："儿等本受卵生小类，蒙上人为养育，诵持回向，今转生人道，距此寺东十里间某家是也。"度默志之，至十月满，往访此家，男妇果孪生二子。入视之，数日遂呼曰"鸽儿"，一时回头应诺。岁余能言，皆得成长。度未知终所。

释明度，未知何方之人，姓氏也不详。曾博览经论，三业精勤。经常读诵《金刚经》，以资净业。贞观末年，有鸽于楹上筑巢，哺育两只小鸽。明度经常喂以粥食，又念咒曰："乘我经力，羽翼速成。"有一次，两只小鸽忽然学飞，没飞起来，堕于地而亡，明度赶快把它们埋葬起来。过了一段时间，梦见两个小儿曰："儿等本是卵生小类，蒙法师养育，读诵加持，今已转生人道，生于距此东十里地某个人家里。"明度暗暗记住，到十个月后，去那个人家里拜访，果有两个小孩诞生。他遂入里去看他们，呼之"鸽儿"，两个小孩皆回过头来向他致意。两小孩一岁多一点就能说话，后皆长大成人，而明度其人则不知所终。

10 兴福

宋钱塘永明寺延寿

原典

　　释延寿，姓王，本钱塘①人也。两浙②有国时为吏，督纳军须。其性纯直，口无二言，诵彻《法华经》，声不辍响。属翠岩参公盛化，寿舍妻孥，削染登戒。尝于台岭天柱峰九旬习定，有鸟类尺鷃，巢栖于衣褶中。乃得韶禅师决择所见，迁遁于雪窦山，除诲人外，瀑布前坐讽禅嘿。衣无缯纩，布襦卒岁。食无重味，野蔬断中。

　　汉南国王钱氏③最所钦尚，请寿行方等忏，赎物类放生。泛爱慈柔，或非理相干，颜貌不动。诵《法华》计一万三千许部，多励信人营造塔像。自无贮畜，雅好诗道，著《万善同归》《宗鉴》④等录数十万言。高丽国王览其录，遣使遗金线织成袈裟、紫水精数珠、金澡罐等。

以开宝八年乙亥终于住寺，春秋七十二，法腊三十七。葬于大慈山，树亭志焉。

注释

① **钱塘**：今浙江杭州。

② **两浙**：浙东与浙西。唐时钱塘江以南称浙东，以北称浙西。

③ **汉南国王钱氏**：吴越王钱镠（一说钱俶）。

④ **《宗鉴》**：《宗镜录》。

译文

释延寿，俗姓王，本钱塘（今浙江杭州）人。曾为吏，督纳军需。其人禀性纯直，口无二言，精读《法华经》，坚持不懈。其时，翠岩参公盛扬佛法，延寿乃割舍情爱，辞别妻、子，出家为僧，依参公受戒。曾在天台山天柱峰修习禅定，有鹌鹑栖息于其衲衣之中，其入定之功力可见一斑。后得韶禅师进一步开导，对佛法之造诣更为精深。不久，隐遁于雪窦山中，除教授弟子外，常于林中瀑布前静坐。平生只穿粗布衲衣，所食多属野果蔬菜。

吴越王钱氏对他十分崇敬，延请他行方等忏，赎有情物类以放生。情性慈柔，心如古井，凡事不动于心。诵《法华经》计一万三千多遍，常劝人营造塔像。自己从不储蓄，雅好诗道，曾著有《万善同归集》《宗镜录》等数十万言。朝鲜国国王曾读到他所著的《宗镜录》，十分赞赏，派人送金线织成之袈裟、紫水精数珠及金澡罐等给他。

开宝八年乙亥（即公元九七五年）于寺中入寂，世寿七十二，法腊三十七。葬于大慈山，建亭以志纪念。

唐湖州杼山皎然

原典

释皎然，字昼①，姓谢氏，长城人，康乐侯②十世孙也。幼负异才，性与道合，初脱羁绊，渐加削染。登戒于灵隐戒坛守直律师边，听毗尼道，特所留心。于篇什中，吟咏情性，所谓造其微矣。文章隽丽，当时号为释门伟器哉。后博访名山，法席罕不登听者。然其兼攻并进，子史经书，各臻其极。凡所游历，京师则公相敦重，诸郡则邦伯所钦，莫非始以诗句牵劝，令入佛智，行化之意，本在乎兹。及中年，谒诸禅祖，了心地法门，与武丘山元浩、会稽灵澈为道交，故时谚曰："霅之昼，能清秀。"

贞元初，居于东溪草堂，欲屏息诗道，非禅者之意，而自诲之曰："借使有宣尼之博识，胥臣之多闻，终朝目前矜道侈义，适足以扰我真性。岂若孤松片云，禅座相对，无言而道合，至静而性同哉？吾将入杼峰，与松云为偶。"所著《诗式》及诸文笔，并寝而不纪。因顾笔砚曰："我疲尔役，尔困我愚，数十年间了无所得。况汝是外物，何累于人哉？住既无心，去亦无我，将放汝各归本性，使物自物，不关于予，岂不乐乎？"

遂命弟子黜焉。

至五年五月，会前御史中丞李洪自河北负谴，再移为湖守，初相见未交一言，恍若神合。素知公精于佛理，因请益焉。先问宗源，次及心印，公笑而后答。他日言及《诗式》，具陈以宿昔之志。公曰："不然。"固命门人检出草本，一览而叹曰："早年曾见沈约《品藻》、慧休《翰林》、庾信《诗箴》，三子所论殊不及此，奈何学小乘褊见，以宿志为辞邪？"遂举邑中辞人吴季德，梁常侍均之后，其文有家风，予器而重之。昼以陆鸿渐为莫逆之交，相国于公顿、颜鲁公真卿命裨赞《韵海》二十余卷。好为《五杂俎篇》，用意奇险，实不忝江南谢之远裔矣。

昼清净其志，高迈其心，浮名薄利，所不能啖。唯事林峦，与道者游，故终身无堕色。又兴冥斋，盖循燋面然，故事施鬼神食也。昼旧居州兴国寺，起意自捐衣囊施之。尝有军吏沈钊，本德清人也，夕从州出，乘马到骆驼桥，月色皎如，见数人盛饰衣冠，钊怪问之："如何到此？"曰："项王祠东兴国寺然公修冥斋，在兹伺耳。"钊翌日往复，果是鬼物矣。又，长城赵胥钱沛行役，泊舟吕山南，见数十百人，得非提食器、负束帛，怡然语笑而过。问其故，云："赴然师斋来。"时颜鲁公为刺郡，早事交游而加崇重焉。

以贞元年终山寺。有集十卷，于颀序集。贞元八年正月敕写其文集入于秘阁，天下荣之。观其文也，亹亹而不厌，合律乎清壮，亦一代伟才焉。昼生常与韦应物、卢幼平、吴季德、李萼、皇甫曾、梁肃、崔子向、薛逢、吕渭、杨逵，或簪组，或布衣，与之交结，必高吟乐道。道其同者，则然始定交哉。故著《儒释交游传》及《内典类聚》共四十卷、《号呶子》十卷，时贵流布。

元和四年，太守范传正、会稽释灵澈同过旧院，就影堂伤悼弥久，遗题曰："道安已返无何乡，慧远来过旧草堂。余亦当时及门者，共吟佳句一焚香。"其遗德，后贤所慕者相继有焉。

注释

① 昼：有些版本皎然之字又作"清昼"。
② 康乐侯：谢灵运。

译文

释皎然，字昼（一说皎然字清昼），俗姓谢，长城人，康乐公谢灵运之十世孙。幼年时就有异常之才能，禀性与道相合，后遂离俗出家，削发为僧。于灵隐寺戒坛依守直律师受戒，对律学特别留心。常作诗赋以咏情性，文章隽丽，时人曾誉之为释门伟器。后来博访名山，遍寻大德，常入法席，四处参学。他不但精研佛典，且对子史经书等，都颇为精通。所到之处，都极受尊崇。京师之诸王公大臣对他礼遇有加，诸郡之达官贵人对他钦敬非常。其之化人，每每先以诗句相钩牵，后令之入佛智。中年之后，遍谒诸禅祖，明了心地法门，与武丘山元浩、会稽灵澈交谊相厚，故当时有谚语曰："释皎然，能清秀。"

贞元初年，居于东溪草堂，欲屏息诗道，认为此非禅者之意，乃自诲曰："即使有孔子之博识，胥臣之多闻，终日谈道论义，却只能乱我之真性；不如孤松片云，禅坐相对，无言而合道，至静而同性。我将入于杼峰，与松云为偶。"所著之《诗式》及诸多名篇，皆是不刊之作。曾面对笔砚道："你役我疲，你困我愚，数十年间了无所得。况你是外物，何必累于人呢？住既无心，去也无我，将放你等各归本性，使物自物，与我了不相干，岂不乐哉！岂不乐哉！"遂令弟子去砚罢笔。

至贞元五年（公元七八九年）五月，正当前御史中丞李洪自河北受贬，移作湖州太守，两人一见如故。皎然素知李洪精通佛法，乃向他求教请益。先问宗源，次询心印，李洪笑而后答。他日语及《诗式》，皎然俱陈昔日之志。李洪曰："不然。"遂令门人找出草本，一览而叹道："过去沈约《品藻》、慧休《翰林》、庾信《诗箴》，三子所论均不及此，如何却学小乘偏见，以昔日之志为辞呢？"遂举该郡辞人吴季德，乃梁常侍均之后裔，其文有祖传之家风，我十分赞赏他。皎然与陆鸿渐也相交甚善，堪称莫逆之交。相国于頔、颜鲁公真卿令禅赞《韵海》二十余卷。好为《五杂俎篇》，用心奇险，实不愧为康乐公之后裔矣。

皎然其志清净，其心高迈，浮名薄利，素不关心，唯山林是托，与道者交游，故终身无堕于色欲情网之中。曾建冥斋，事施鬼神，捐衣赠旧居兴国寺等。军吏沈钊，本德清人，有一天傍晚从城中乘马至骆驼桥，是夜月色皎如，见有数人穿着很华丽之服装，沈钊感到很奇怪，就问道："你等如何也到此地？"这些人答道："项王祠东之兴国寺皎然禅师修造冥斋，故我等在此等候。"沈钊第二天再前去察看，果然是鬼物。又，长城赴胥钱沛服役，乘船至吕山之南，见有数十百人，都手提食器、束帛，相互谈笑，与之擦肩而过。问其故，都说："去赴然师之冥斋也。"当时颜鲁公真卿为刺郡，与之早有交游，此后，对他更为崇敬。

贞元年间，皎然终于山寺之中。他有诗集十卷，于頔为之作序。贞元八年（公元七九二年）正月敕写其文集于秘阁，荣显于天下。观皎然之文，既合乎格律，又十分清丽隽永，实令人百读而不厌，乃一代之奇才也。皎然生前与韦应物、卢幼平、吴季德、李萼、皇甫曾、梁肃、崔子向、薛逢、吕渭、杨逵等交谊颇深，过从甚密。大家在一起或吟诗，或论道，故有《儒释交游传》及《内典类聚》共四十卷、《号呶子》十卷，当时颇为流行。

元和四年（公元八〇九年），太守范传正、会稽释灵澈同过旧院，在影堂里伤悼良久，题辞曰："道安已返无何乡，慧远来过旧草堂。余亦当时及门者，共吟佳句一焚香。"皎然之道行德操，后来有很多学人士子都十分景仰。

11 杂科

梁成都东禅院贯休

释贯休，字德隐，俗姓姜氏，金华兰溪①登高人也。七岁，父母雅爱之，投本县和安寺圆贞禅师出家为童侍。日诵《法华经》一千字耳，所暂闻不忘于心。与处默同削染，邻院而居，每隔篱论诗，互吟寻偶对，僧有见之，皆惊异焉。受具之后，诗名耸动于时，乃往豫章，传《法华经》《起信论》，皆精奥义，讲训且勤。本郡太守王惕弥相笃重，次太守蒋瑰开洗忏戒坛，命休为监坛焉。

乾宁初，赍志谒吴越武肃王钱氏，因献诗五章，章八句，甚惬旨，遗赠亦丰。王立去伪功，朝廷旌为功臣。乃别树堂立碑，记同力平越将校姓名，遂刊休诗于碑阴，见重如此。

休善小笔，得六法；长于水墨，形似之状可观。受众安桥强氏药肆请，出罗汉一堂，云："每画一尊，必祈梦得应真貌，方成之。"与常体不同。

自此游黟歙②，与唐安寺兰阇梨道合。后思登南岳，比谒荆帅成汭。初甚礼焉，于龙兴寺安置。时内翰吴融谪官相遇，往来论道论诗。融为休作集序，则乾宁三年也。寻被诬谮于荆帅，黜休于功安。郁悒中题砚子曰："入匣始身安。"弟子劝师入蜀。时王氏将图僭伪，邀四方贤士，得休甚喜，盛被礼遇，赐赍隆洽，署号禅月大师。蜀主常呼为"得得来和尚"，时韦蔼举其美号。

所长者歌吟，讽刺微隐，存于教化。体调不下二李、白、贺③也。至梁乾化二年，终于所居，春秋八十一。蜀主惨怛，一皆官葬，塔号白莲。于城都北门外升迁为浮图，乃伪蜀乾德中，即梁乾化三年癸酉岁也。

休能草圣，出弟子昙域，癸酉年集师文集，首安吴内翰序，域为后序。韦庄尝赠诗曰："岂是为穷常见隔，只应嫌酒不相过。"又，广成先生杜光庭相善，比乡人也。休书迹，好事者传号曰姜体是也。尝睹休真相，肥而矬，蜀宰相王锴作赞。

昙域戒学精微，篆文雄健，重集许慎《说文》，见行于蜀。有诗集，亚师之体也。

注释

① **金华兰溪**：今浙江金华兰溪县。

② **黟歙**：今安徽省南部。

③ **二李、白、贺**：李白、李商隐、白居易、贺知章。

译文

释贯休，字德隐，俗姓姜，金华兰溪登高（今浙江金华兰溪市）人。七岁时，父母把他送到本县和安寺出家，给圆贞禅师当侍童。日诵《法华经》一千字，所闻不忘于心。后来与处默一起削发，邻院而居，常常隔篱论诗，互相酬唱，僧人见之，都十分诧异。受具足戒后，诗名轰动当时。后往豫章（今江西南昌一带）传《法华经》《大乘起信论》，甚精通其义理，讲说不辍。本郡太守王慥对他很敬重，后任之太守蒋瓌开洗忏戒坛，令贯休为监坛。

乾宁初年，拜访了吴越王钱氏，并献诗五章，每章八句，十分秀丽隽永，吴越王对他馈赠亦十分丰厚。后来吴越王被朝廷封为功臣，为其树碑立传，遂把贯休之诗刻于碑石之上，其见重如此。

贯休善小笔，甚得六法；长于水墨画，形似而传神。曾受众安桥强氏药铺之请，画罗汉一堂。他每画一尊罗汉，必祈梦得罗汉真身容貌，方动笔画之。故其所画，与常体多有不同。

此后，他又游化于黟歙（今安徽省南部）一带，与唐安寺兰阇梨志同道合。后来想登南岳，拜谒了荆帅成汭。起初成汭甚器重他，把他安置在龙兴寺。当时内翰吴融受贬后与贯休相遇，两人情趣颇相投，遂常在一起谈诗论道。后来吴融曾为贯休之诗集作序，此是乾宁三年（公元八九六年）时事。不久有人在成汭面前诬陷贯休，成汭遂黜贯休于功安。他郁郁不乐，对砚题字曰："入匣始身安。"弟子劝他入蜀。当时，王氏准备谋反，邀集各方贤士，得到贯休后十分高兴，对他极崇重，赐号"禅月大师"，蜀主常称他为"得得来和尚"。

贯休所长者在歌吟，讽刺时弊，存于教化。其诗体式、格调不下李白、李商隐、白居易、贺知章。至梁乾化二年（公元九一二年）终于居处，世寿八十一。蜀主十分悲伤，下令葬事一由官方办理，赐塔号"白莲"。乾化三年于城都北门外建塔。

贯休有草圣之称，其弟子昙域，癸酉年（公元九一三年）出其师文集，吴内翰为之作序，昙域作后序。韦庄曾赠诗曰："岂是为穷常见隔，只应嫌酒不相过。"又，广成先生杜光庭与之相交甚善，乃同乡人。贯休之笔迹，有人称之为姜体。曾亲眼目睹过贯休的人，说他体形肥大，个子不高，蜀宰相王锴曾为之作赞。

其弟子昙域戒学精微，篆笔雄健，曾重集许慎之《说文解字》，在川蜀一带很流行。也有诗集，与其师之体相类。

源流

《宋高僧传》作为中国佛教史上一部重要僧传，宋及宋之后的各部重要《大藏经》都有刊载。宋《藏》载于"旦"函至"营"函，元《藏》亦载于"旦"函至"营"函，明南《藏》载于"禄"函至"富"函，明《北藏》载于"宅"函至"阜"函，清《藏》载于"县"函至"给"函。日本所刊印的几部《大藏经》，亦都收入了此传，其中《大正新修《大藏经》》收入第五十卷，藏经书院刊印的《大藏经》载于第三十套第三至五册，弘教书院刊印的《大藏经》载于"致"函第四册至第五册。近代佛教学者杨文会创办的金陵刻经处，有此传之单刻本，称《高僧传三集》。一九八七年中华书局出版了由范祥雍点校的《宋高僧传》。此中华版点校本以现今仅存之宋刻本（即一九三六年上海影印之宋版《碛砂藏》）为底本，并参校扬州本和《大正藏》本，错讹相对少些，故本书以中华版之点校本为底本。

此《宋传》是中国佛教史上影响最大的三部僧传之一。它上承《梁》《唐》二传，其后又有不少僧人学者以弘扬佛法、表彰僧业为己任，陆续编纂了好几部僧传。

接续《宋传》之僧传，当首推元僧昙噩所撰之《新修科分六学僧传》，又称《六学僧传》，凡三十卷。昙噩此传之作，起因于对以往三个僧传体例编排之不满。他认为，以往三传（即《梁高僧传》、《唐高僧传》和《宋高僧传》）皆立译经等十科，此种"体制衰弱，略无先秦西汉风。"在他看来，"佛法非僧业弗行，僧业非佛法弗明。必佛法以之行，僧业以之明，其六学十二科而正矣"。也就是说，必须按佛法之"六学十二科"来重新组织、编排僧传。

所谓"六学"亦即"六度"。每一学又各有二科，共十二科。因此，他按"慧学"（中含"译经""传宗"二科）、"施学"（中含"遗身""利物"二科）、"戒学"（中含"弘法""护教"二科）、"忍辱"（中含"摄念""持志"二科）、"精进"（中含"义解""感通"二科）、"定学"（中含"证悟""神化"二科）来重新编排僧传，以《梁传》《唐传》《宋传》所收录之僧人事迹为基本素材，兼采禅宗诸灯录中的一些资料，加以取舍、整理，编纂成一部始自东汉终于北宋共收录一千二百七十三人之僧传。

继昙噩之后，明如惺又撰《大明高僧传》，或曰《明僧传》，凡八卷。此传收录自北宋宣和六年（公元一一二四年）至明万历二十一年（公元一五九三年）前后四百余载的僧人一百八十二人（其中正传一百十二人，附见七十人）。此书之体例既不完整（全传仅分"译经""义解""习禅"三科），材料亦不全面（非是为撰写僧传而专门搜集的，而是作者在阅读史志文集时，见载有名僧时，"随喜录之"的），因此，作为一部僧传，与以前几部实不可同日而语。

　　明人所撰之僧传，值得一提的还有一部，即明华严宗僧人明河所编纂的《补续高僧传》。与如惺写《明传》是在校、辑古籍偶见名僧时"随喜录之"不同，明河编纂《补续高僧传》费力甚巨。据明河弟子道开在该传的"跋"中说：他为了编纂此传，曾"南走闽越，北陟燕台，若雁宕、石梁、匡庐、衡岳，绝壑空岩，荒林废刹，碑版所在，搜讨忘疲。摹勒抄写，汇集成编，而后竭思覃精，笔削成传"。明河于此书先后花费了三十年心血，但他对初稿仍不太满意，又忙于讲经弘法，故未能最后定稿就入寂了，后由其弟子道开补缀而成。全书共二十六卷，亦仿《宋传》分为十科，收录僧人正传五百四十八人，附见七十二人。此中之所收录者，一为"补"，二为"续"。所补者是那些本属《宋传》收录范围而被遗漏者，所续者则是《宋传》之后至明之高僧。因《补续》之作者不知有如惺之《明传》，故其所"补续"者，非《明传》。

到了清代又有徐昌治编纂《高僧摘要》。此书篇幅较小，仅四卷，时间跨度很大（自东汉至清初），而收录的僧人甚少（仅一百七十三人）。就内容说，此书主要把《梁传》《唐传》《宋传》《明传》及其他僧传中的事迹作一提要，史料价值不大。但就体例言，此书自成一格，按道、法、品、化四科编排，这是本书之特点。

赵宋及宋之后的僧传，除以上述及的几部外，还有一些单宗、单人或地区性的僧传，如北宋惠洪所撰之《禅林僧宝传》，南宋祖琇之《僧宝正续传》，清自融、性磊之《南宋元明禅林僧宝传》及北宋戒珠之《净土往生传》，明朱棣之《神僧传》，清彭希涑之《净土贤圣录》和南宋元敬、元复之《武林西湖高僧事略》，明袾宏之《续武林西湖高僧事略》等等。

总之，自《宋高僧传》后，编纂僧传者，代有其人。虽然这些僧传在历史上的影响均远不及《梁》《唐》《宋》三传，但因各自从不同侧面保存了宋及宋之后各代僧人弘化的有关情况，因而对于人们了解、研究此一时期之佛教乃至当时的社会实不无裨益。

解说

中国古来就有"道由人弘"的说法，意谓任何一种学说、主张乃至任何一种宗教、文化，都有赖于人的传扬、弘化。如果说佛教"三宝"中的"法"即是指的佛之"道"，那么，此中之"僧宝"，在相当程度上就担负着弘扬"佛道"之使命，此正如元代僧人昙噩在《六学僧传·序》中所说的："佛法非僧业弗行，僧业非佛法弗明。"也就是说，佛法之行，有赖于僧业之明。而僧业又如何才能明呢？从历史上看，编纂僧传，表彰高僧之道行、德操，使时僧有所依仿，令后人得到启迪，从而让佛法发扬光大——这也许就是历代僧传编纂者们本意之所在。

　　自六朝至宋明各部僧传中所辑录的历代高僧，或以传译经典、阐释义理而使慧灯长传，或以神通利物、遗身济众而使佛法深入人心，有的以精进修禅为四方丛林作则，有的则以戒律严谨而成天下学僧之模范，凡此等等，历代《高僧传》确实具有"明僧业而弘佛法"之宗教意义。

其次，作为僧传，各部《高僧传》之史学价值更是毋庸置疑的。不难想见，如果没有这代代相续之各部《高僧传》，治中国佛教史者恐将无从下手。不但如此，由于各部《高僧传》都是作者或花费几十年心血，甚或倾注毕生精力才完成的，他们或南走闽越、北陟燕台，或身临大川、足履危岩，碌碌奔波于荒山废刹之间，苦心搜讨于各种碑铭墓志之上，因此，僧传中所记录的许多资料，往往为正史所不载，而又是研究当时许多思想家特别是佛教思想家所不可或缺的。就此而论，各部《高僧传》不唯具有重要的宗教意义，而且具有重要的学术价值。

进而论之，自慧皎倡高蹈远遁，易"名"以"高"，以高风亮节为选录传主之标准后，各部《高僧传》多注重僧人之道行德操，正因为如此，每个有缘读到《高僧传》的人，从书中所得到的，就不仅仅是一些佛教知识和历史资料，而可以在思想上得到洗练或熏陶，从这个意义上说，《高僧传》还具有温渥人心、净化心灵的作用。

另外，正如宗教本身就是一种社会文化现象，《高僧传》之文化价值也是不容忽视的。在《梁》《唐》

《宋》三部僧传中，人们看到了不同地域、不同民族之间的文化交流与融汇，从法显之《佛国记》到玄奘之《大唐西域记》再到义净的《南海寄归内法传》等，都在中外文化交流史上留下了光辉的一页。虽然从主观上说，他们也许是为求法而西行或为弘教而东来，但在客观上他们为中印文化之交流所起的作用是有目共睹的。再如译经，把印度佛典翻译成汉语，这本身就是一种文化的传播与交流。《高僧传》中屡屡语及的佛经翻译的历史衍变及译经之规则——诸如道安的"五失本三不易"、隋彦琮的"八备"、唐玄奘的"五不翻"及宋赞宁的"六例"等，对于今日世界各国之间的文化传播与交流都具有重要的参考意义。

当然，《高僧传》作为古代僧人的著作，一如所有的历史著作一样，都难免有其二重性。例如传中在赞颂高僧之道行时，往往过分渲染其神通，以至于挪动嵩岳于千里之外也易如反掌，等等，这些都有待读者、历史去阅读及见证；又如传中虽然提供了许多甚至连正史也不曾言及的十分宝贵的历史资料，但是，史实不当、记载错误之事亦屡屡有之，这就要求读者应该去伪存真、弃其糟粕取其精华，唯有如此，方能真正做到开卷有益。

参考书目

1.《西域地名》 冯承钧原编、陆峻岭增订 中华书局一九八二年版

2.《释迦方志》 唐·道宣著 中华书局一九八三年版

3.《大慈恩寺三藏法师传》 唐·慧立、彦悰著 中华书局一九八三年版

4.《法苑珠林》 唐·道世编纂 上海古籍出版社一九九一年版宋《碛砂藏》影印本

5.《太平广记》 宋·李昉等编 中华书局一九八六年版

6.《一切经音义》 唐·慧琳撰 上海古籍出版社据狮谷本影印一九八八年版

7.《搜神记》 晋·干宝撰 岳麓书社一九八九年版

8.《世说新语》 刘宋·刘义庆撰 岳麓书社

一九八九年版

9.《魏书·释老志》 齐·魏收撰 上海古籍出版社、上海书店一九八七年版

10.《隋书·经籍志》 唐·魏徵撰 上海古籍出版社、上海书店一九八七年版

11.《中国佛教史传丛刊》（第二册） 建康书局一九五八年版

12.《佛学研究十八篇》 梁启超著 中华书局一九八九年影印本

13.《中国佛教史籍概论》 陈垣著 中华书局一九八八年版

14.《佛家名相通释》 熊十力著 中国大百科全书出版社一九八五年版

15.《汉魏两晋南北朝佛教史》 汤用彤著 中华书局一九八三年版

16.《隋唐佛教史稿》 汤用彤著 中华书局一九八二年版

17.《周叔迦佛学论著集》 周叔迦著 中华书局一九九一年版

18.《中国佛教史》（第一卷、第二卷、第三卷） 任继愈主编 中国社会科学出版社一九八八年版

19.《佛光大辞典》 佛光出版社一九八八年版

20.《佛学大辞典》 丁福保编纂 文物出版社一九八四年版

21.《三藏法数》 明·一如法师编纂 佛陀基金会一九九一年印

22.《中国人名大辞典》 臧励和等编 上海书店据商务印书馆一九二一年版影印

23.《中国佛教》（一、二） 中国佛教协会编 知识出版社一九八六年版

24.《中国古今地名大辞典》 臧励和等编 商务印书馆一九三一年版

25.《中国佛学人名辞典》 比丘·明复编 中华书局一九八七年影印本

26.《佛典精解》 陈士强撰 上海古籍出版社一九九二年版

27.《高僧传研究》 郑郁卿著 文津出版社一九八七年版

28.《佛门人物志》 褚柏思著 传记文学出版社一九七九年版

29.《中国历代思想家传记汇诠》（魏晋—北宋分册） 王蘧常主编 复旦大学出版社一九八八年版

30.《中国古代宗教与神话考》 丁山撰 上海文艺出版社一九八八年影印本

31.《印度佛教史》 明·多罗那它著　张建木译
四川民族出版社一九八八年版

32.《佛藏子目引得》 洪业等编纂　上海古籍出版
社一九八六年版

33.《骈字类编》 清·张廷玉等编　北京市中国书
店一九八八年版

出版后记

　　星云大师说："我童年出家的栖霞寺里面，有一座庄严的藏经楼，楼上收藏佛经，楼下是法堂，平常如同圣地一般，戒备森严，不准亲近一步。后来好不容易有机缘进到藏经楼，见到那些经书，大都是木刻本，既没有分段也没有标点，有如天书，当然我是看不懂的。"大师忧心《大藏经》卷帙浩繁，又藏于深山宝刹，平常百姓只能望藏兴叹；藏海无边，文辞古朴，亦让人望文却步。在大师倡导主持下，集合两岸近百位学者，经五年之努力，终于编修了这部多层次、多角度、全面反映佛教文化的白话精华大藏经——《中国佛教经典宝藏》，将佛教深睿的奥义妙法通俗地再现今世，为现代人提供学佛求法的方便途径。

　　完整地引进《中国佛教经典宝藏》是我们的夙愿，

三年来，我们组织了简体字版的编审委员会，编订了详细精当的《编辑手册》，吸收了近二十年来佛学研究的新成果，对整套丛书重新编审编校。需要说明的是此次出版将丛书名更改为《中国佛学经典宝藏》。

佛曰：一旦起心动念，也就有了因果。三年的不懈努力，终于功德圆满。一百三十二册，精校精勘，美轮美奂。翰墨书香，融入经藏智慧；典雅庄严，裹沁着玄妙法门。我们相信，大师与经藏的智慧一定能普应于世，济助众生。

东方出版社

图书在版编目（CIP）数据

宋高僧传 / 赖永海 张华 释译 . —北京：东方出版社，2019.11
（中国佛学经典宝藏）
ISBN 978-7-5060-8654-7

I. ①宋…　II. ①赖…　III. ①僧侣—列传—中国—宋代
IV. ① B949. 92

中国版本图书馆 CIP 数据核字（2015）第 267864 号

本书中文简体字版权由上海大觉文化传播有限公司独家授权出版
中文简体字版专有权属东方出版社

宋高僧传
（SONG GAOSENG ZHUAN）

释 译 者：赖永海　张　华
责任编辑：王梦楠
出　　版：东方出版社
发　　行：人民东方出版传媒有限公司
地　　址：北京市朝阳区西坝河北里 51 号
邮　　编：100028
印　　刷：北京大兴县新魏印刷厂
版　　次：2019 年 11 月第 1 版
印　　次：2019 年 11 月第 1 次印刷
开　　本：880 毫米 ×1230 毫米　1/32
印　　张：10.25
字　　数：182 千字
书　　号：ISBN 978-7-5060-8654-7
定　　价：58.00 元
发行电话：（010）85924663　85924644　85924641